AF391230

CATALOGUE

DU

MUSÉE MILITAIRE

DE MARS-LA-TOUR

FONDÉ PAR

Monsieur le Chanoine Joseph FALLER

CURÉ DE MARS-LA-TOUR

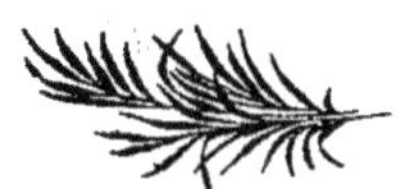

Reproduction interdite

—

1909

Prix : 1 franc. — Par la Poste : 1 fr. 10

CATALOGUE

DU

MUSÉE MILITAIRE

DE MARS-LA-TOUR

FONDÉ PAR

Monsieur le Chanoine Joseph FALLER

CURÉ DE MARS-LA-TOUR

Reproduction interdite

—

1909

NOTICE

Ce Musée, fondé par M. le chanoine Joseph Faller, curé de Mars-la-Tour, a été inauguré en 1902 par Mgr Charles-François Turinaz, Evêque de Nancy et de Toul. Il comprend beaucoup de portraits d'officiers et de soldats français tués à l'ennemi ou morts des suites de leurs blessures dans les sanglantes journées des 16 et 18 août 1870, dans les combats livrés autour de Metz et dans l'Alsace-Lorraine.

Il contient également un grand nombre de souvenirs de toute nature, se rattachant à la mémoire de nos glorieux combattants. On ne devra pas s'étonner de voir figurer dans ce Musée plusieurs objets curieux et fort anciens ne se rattachant pas à la guerre de 1870, mais que M. le curé, sur le désir des donateurs, a cru devoir accepter à cause de leur rareté et de leur valeur.

Les souvenirs qui seront reçus dans la suite seront inscrits dans la prochaine édition du catalogue.

J. FALLER,

Chanoine honoraire.
Curé de Mars-la-Tour,
Fondateur du Musée.

PREMIÈRE SECTION

Portraits, bustes, statues

Nº 1. — **Statue du Christ** avec cette inscription : **Christus,** en grosses lettres. On lit au dessus : **Statue de N. S. J.-C.** le parfait modèle du sacrifice et du dévouement, donnée au Musée par un catholique allemand : **M. Joseph Hersel,** membre du Conseil royal à Ullersdorff (Silésie), en mémoire des combattants des deux nations morts au champ d'honneur en 1870 sur les champs de bataille d'Alsace-Lorraine.

2. — Un beau **buste de Mgr Du Pont des Loges.** Évêque de Metz, sculpté par M. Gustave Hennequin, statuaire à Paris.

3. — Une petite statue en bronze de **Jeanne d'Arc,** donnée au Musée en mémoire de « Jullienne d'Arc » lieutenant au 9ᵉ de ligne, tué le 16 août. Don de son neveu, M. Pierre Lanery d'Arc.

3 *bis.* — Statue de **Jeanne d'Arc,** richement polychrômée. Hauteur 0 m. 60. — Don de M. Langlois, président-fondateur de l'Œuvre de Mars-la-Tour.

4. — Deux grands et magnifiques bustes en plâtre représentant **Napoléon III** et l'**Impératrice Eugénie.** — Don de Mme Hennocque demeurant à Longeville-lès-Metz, dans la maison de laquelle l'Empereur a passé la nuit du 14 au 15 août 1870.

5. — Buste du général **Clinchant,** né à Thiaucourt (M.-et-M.) Il fit passer l'armée de Bourbaki en Suisse : 90.000 hommes et 300 canons. — Don de sa veuve et de son fils.

6. — Un grand médaillon en plâtre représentant **Léon Gambetta.** — Don de l'auteur : M. Gustave Hennequin, statuaire de Paris.

7. — Le socle de la statue du **général Margueritte** à Fresnes, dizième de réduction, donné par M. Rogier, de Fresnes-en-Woëvre.

7 *bis*. — Statue en bronze représentant un soldat de la marine. Elle se trouvait au milieu de la grande et riche couronne de l'Union patriotique des Conscrits de Nancy qu'ils avaient apportée pour la cérémonie du 16 août 1899.

DEUXIÈME SECTION

Portraits (photographies, peintures)

PETITS CADRES

8. — Nicolas **Maire**, du 2ᵉ Voltigeurs de la Garde Impériale, né à Gorze (Moselle), tué le 7 Octobre 1870, à la bataille de Ladonchamps près Metz. — Don de sa famille.

9. — Emile **Martin**, né à Sarreguemines, sous-lieutenant au 8ᵉ bataillon de chasseurs à pied, évadé de Metz — décoré — fait capitaine à l'armée du Nord, tué à Saint-Quentin. — Don de M. Auguste Biron, représentant de commmerce au Hàvre.

10. — Nicolas-Eugène **Méline**, né à Nancy, sous-lieutenant au 57ᵉ de ligne, tué le 16 août 1870. — Don de son frère domicilié à Nancy.

11. — Comte Antoine **de Levezou-de-Vesins**, lieutenant au 93ᵉ de ligne, mort à Vionville, de ses blessures. — Don de Mme la Marquise de Vezins, sa mère.

12. — Auguste **Sponville**, garde mobile de la Moselle, mort à Metz de ses blessures. — Don de son père, demeurant à Conflans (M.-et-M.).

13. — Gustave **Mailfert**, né à Jarny, près Mars-la-Tour, tambour au 57ᵉ de ligne, tué à Gravelotte. La photographie le représente avec sa fiancée. — Don de la famille.

14. — **Lainé,** sous-lieutenant au 57ᵉ de ligne, tué à Borny, le 14 août 1870, comme sous-lieutenant au 2ᵉ voltigeurs de la garde impériale,

15. — Le capitaine **Delherbe,** du 20ᵉ bataillon de chasseurs à pied, tué le 18 août 1870, à Amanvillers. Représenté en costume civil.

16. — **Le même,** représenté en costume militaire. — Don de sa veuve.

17. — Marie-Ferdinand-Anatole (Pierre de Luxembourg), **baron de Widranges,** lieutenant au 6ᵉ de ligne, tué à Saint-Privat. — Don de sa mère, domiciliée à Bar-le-Duc.

18. Emile **Marion,** sergent-major au 2ᵉ grenadiers de la garde impériale, tué le 16 août. — Don de sa mère.

19. — Le capitaine **Haudan,** du 7ᵉ de ligne, blessé mortellement à l'assaut de Servigny, le 31 août 1870. Représenté en sous-lieutenant. — Don de M. Gobin, président de l'Association des combattants de Gravelotte, au Havre, et ancien sergent-major au 7ᵉ de ligne, en 1870.

20. — Le lieutenant-colonel du 32ᵉ, Clément **Guyot de Vilher,** blessé mortellement le 16 août 1870. — Don de sa veuve.

21. — Albert-André **Jullian,** sous-lieutenant au 95ᵉ de ligne, tué au combat de Noisseville le 31 août 1870, à l'âge de 21 ans. — Don de son frère, chef de Bataillon au 71ᵉ de ligne.

22. — Le docteur **Boyer** et ses deux fils, médecin dévoué de l'ambulance du Grand Séminaire de Metz.

23. — François **Vignon,** sergent aux Grenadiers de la Garde Impériale, né à Voippy, près Metz, tué le 16 août.

24. — Pierre-Adrien **Léchaudel,** capitaine au 1ᵉʳ de ligne, tué le 18 août 1870. — Don de M. Nicolle, son beau-frère.

25. — Henri **de Vauxonne,** ex-zouave pontifical, engagé volontaire au 25ᵉ de ligne, tué le 16 août 1870. — Don de M. le Comte de Bouchaud de Bussy, son parent.

26. — Gaston **de Moussac,** né aux Sables-d'Olonne, capitaine de hussards. — Don d'un ami.

27. — Edouard **Maubeuge,** né à St-Maurice-sous-les Côtes (Meuse), sergent au 71ᵉ de ligne, tué à Borny.

28. — Joseph **Méot**, brigadier de gendarmerie à Aumetz, né à Charly, près Metz. — Don de sa veuve.

29. — Joseph **Tridon**, sous-lieutenant au 51e de ligne, né à Heudicourt (Meuse), tué le 16 août. Représenté en costume de simple soldat.

30. — **Percin de Suzor**, né à Metz, sous-lieutenant au 2e Grenadiers de la Garde Impériale, tué le 16 août 1870.

31. — Olivier **de Sailly**, né à Metz, sous-lieutenant au 44e de ligne, tué devant la ferme de Moscou près Metz. Représenté en St-Cyrien. — Don de sa mère.

32. — Théophile **Dion**, adjudant, né à Mars-la-Tour. — Don de ses enfants.

33. — Le soldat **Balai**, blessé à la main gauche le 14 août et mort à Metz. — Don de M. Jules Noirel de Nancy.

34. — Le capitaine-commandant d'artillerie Jules **Ragot**. — Don de sa sœur demeurant à Conflans, près Mars-la-Tour.

35. — Joli petit portrait en miniature, où il est représenté à l'âge de 5 ans, de Paul-Emile **Henry**, fils du général Henry, maréchal des logis au 11e dragons, porte-fanion du général de Ladmirault, tué à Grizières, le 16 août 1870. — Don de la famille.

36. — Charles **Crépaux**, commandant du génie, fait prisonnier à Toul, né à Charleville. — Don de sa veuve.

37. — Lucien-Paul-Léon **Durand de Villers**, issu d'une ancienne famille de Metz, capitaine du génie, tué à Paris, le 14 mai 1871. — Don de Mlle Aubertin, de Metz.

38. — Louis **d'Abel de Libran**, capitaine au 3e dragons (division Legrand), s'est lancé des premiers dans la mêlée où il reçut et donna les premiers coups, blessé de deux coups de sabre et d'un coup de lance, décoré pour faits de guerre, décédé comme général de cavalerie, en février 1897 — Don de son fils Fernand d'Abel de Libran, lieutenant au 9e hussards.

39. — Riche petit cadre renfermant le portrait de Charles-Marie-Clément **de Sahuqué**, chef d'escadron aux cuirassiers de la Garde Impériale, blessé mortellement le 16 août 1870, dans la charge de Rezonville, décédé le 25 octobre à l'ambulance du Grand-Séminaire de Metz. Plaies par arme à feu à la

partie antérieure du cou et fracture de la jambe gauche. — Don de son gendre, M. de Coatpont, capitaine d'état-major à Rouen.

40. — Pierre-Alfred **Bodard,** né à Onville (M.-et-M.), caporal au 80ᵉ de ligne, disparu dans la mêlée du 16 août 1870. — Don de la famille.

41. — Le commandant du génie **Ducrot,** frère du général Ducrot, tué le 23 septembre 1870, au siège de Strasbourg. — Don de la famille.

42. — Nicolas **Delatte,** de l'artillerie de la garde mobile, né à Voippy, fait prisonnier de guerre et mort à Stettin, le 2 janvier 1871. — Don de sa mère.

43. — Paul **Morel,** lieutenant au 17ᵉ régiment d'artillerie, tué le 16 août au premier coup de canon tiré par l'ennemi. — Don de Mme Jules Noirel, de Nancy.

44. — Eugène **Conte,** tué le 16 août, lieutenant au 2ᵉ grenadiers de la Garde Impériale. Représenté avec son costume de sergent-major.

45. — Pierre-Philippe **Génin,** adjudant au 15ᵉ bataillon de chasseurs à pied, né à Labeuville (Meuse), blessé et amputé d'une jambe à Sedan. — Don de son parent, M. Nicolas, sculpteur à Mars-la-Tour.

46. — Arthur **Foloppe,** sous-lieutenant au 71ᵉ, tué à Borny, le 14 août 1870. — Don de sa mère.

47. — Yves **Grenier,** chef de bataillon du 65ᵉ de ligne, blessé le 18 août, mort à Metz, dans la maison des Orphelins, rempart Paixhans, le 12 septembre 1870. — A droite et à gauche du cadre, se trouvent les portraits de sa femme et de leur fils, trouvés dans le porte-feuille du commandant.

48. — Edouard **de Trégomain,** capitaine au 67ᵉ, tué à Rezonville. — Don de son frère Arthur.

49. — Ulric **Stoffels,** sous-lieutenant au 95ᵉ de ligne, blessé mortellement le 31 août 1870 à Noisseville, mort à Metz, le 13 octobre 1870.

50. — Jean **Puig,** capitaine au 1ᵉʳ de ligne, grièvement blessé le 16 août 1870. — Don de M. Dubois, propriétaire à Doncourt.

51. — Le colonel **Crouzat,** de l'artillerie, nommé général en 1870. — Don de M. Mathieu, chef de gare à Mars-la-Tour.

52. — **Bailly,** tambour-major de la Garde Impériale. Représenté en costume civil. — Don de M. Barbier, de Mars-la-Tour.

53. — **Bailly,** tambour-major de la Garde Impériale. Représenté en son costume militaire de grande tenue.

54. — Adolphe **Lang,** sous-lieutenant au 3e voltigeurs de la Garde Impériale, blessé aux environs de Metz et mort de ses blessures le 14 octobre 1870. — Don de son frère, le commandant Lang.

55. — Alfred **Achard,** lieutenant au 32e de ligne, tué le 16 août 1870. — Don de son beau-frère, M. Laferrière, de Lunéville.

56. — Alfred **Chompret,** soldat au 26e de ligne, tué à Gravelotte à 10 heures du matin. — Don de M. Guillot d'Etain (Meuse).

57. — J. **Petitjean,** de la 2e batterie d'artillerie, à Verdun, prisonnier de guerre à Wesel (Prusse rhénane).

58. — Le docteur **Legrand,** médecin dévoué de l'ambulance de l'hospice Saint-Nicolas, à Metz. — Don de sa veuve.

59. — Vital-Urbain **Doussau,** commandant au 81e de ligne, tué sous Metz.

60. — Le colonel **Saint-Remy,** du 14e d'artillerie, en captivité du 29 octobre 1870 jusqu'au 13 avril 1871, décédé à Toulouse des suites de la guerre, le 9 mai 1871, sans avoir connu sa nomination au grade de général qui était signée. — Don de son frère Amédée, commandant d'artillerie en retraite, à Cons-la-Grandville (M.-et-M.).

61. — Victor-Edmond **de Chilly,** capitaine au 6e de ligne, tué à Saint-Privat. — Don de M. L. Maury, maire de Verdun.

62. — Etienne **Dumoulin,** capitaine de cavalerie en retraite et ancien adjoint au maire de Metz. — Don de Mlle Bour, sa nièce, demeurant à Moulins-les-Metz.

63. — M. l'abbé **Humbert,** curé de la paroisse Saint-Simon, à Metz, nommé chevalier de la Légion d'honneur pour son patriotique dévouement envers les blessés de 1870, qu'il a

soignés jour et nuit en grand nombre dans son vaste presbytère.

64. — Antoine-Adolphe **de Vercly**, général d'artillerie, né à Metz, le 4 novembre 1804, prisonnier de guerre à Wiesbaden, mort à Nancy. — Don de la famille.

65. — Le général **de Marguenat,** tué le 16 aout. Portrait en pied. — Don de son fils.

66. — Le général **d'Exea.** — Don de M. Chéron, de Paris.

67. — Le général **de Lacretelle.** — Don de M. Chéron, de Paris.

68. — Le maréchal **de Mac-Mahon** et son portrait sur médaille en bronze. — Don d'un patriote.

69. — Le général **Abel Douay**, tué à Wissembourg. — Don de M. Chéron, de Paris.

70. — Le général **Decaen,** commandant le 3e corps d'armée, blessé mortellement à Borny. Représenté en costume civil. — Don de sa veuve.

71. — Le sous-lieutenant Anatole **Reverony,** du 1er chasseurs d'Afrique, officier d'ordonnance du général Margueritte auquel il a deux fois sauvé la vie à Pont-à-Mousson, le 12 aout 1870. — Don de sa veuve.

72. — Jean-Hector **Savalle,** nommé chef d'escadrons à la bataille de Reichshoffen, le 6 aout 1870, pour sa bravoure pendant la charge où il commandait comme capitaine au 4e cuirassiers. — Don de sa veuve, demeurant à Mars-la-Tour.

73. — Le sous-lieutenant **Schœck,** du 13e de ligne, né à Etain (Meuse), blessé, le 14 aout, à Borny et mort le lendemain. Il est représenté en son costume de sergent-major. — Don de la famille.

74. — Le commandant **Deschênes,** du 10e de ligne, blessé mortellement, le 15 aout 1870, à Longeville-les-Metz, par un éclat d'obus, et mort, le 28 du même mois, à Metz. — Don de M. Vigneron, un de ses soldats, demeurant à Mars-la-Tour.

75. — Un groupe **de lieutenants et de sous-lieutenants** du 97e (11 portraits). — Don de M. Victor Petitjean, demeurant à Loisey (Meuse).

76. — Jules-Maurice **Lerebours,** capitaine au 12ᵉ de ligne, tué le 18 août 1870. — Don de son frère.

77. — Laurent **Lahaxe,** sergent aux zouaves de la garde impériale, combattant de Gravelotte, prisonnier de guerre à Glatz (Silésie), né à Cercueil (Meurthe-et-Moselle). — Don de M. Lahaxe, sergent au 155ᵉ, en garnison à Commercy, en 1902.

78. — Camille **Rougeot,** capitaine au 9ᵉ de ligne, tué à Rezonville. — Don de la famille.

79. — Joseph **Duval,** maréchal des logis chef dans la garde impériale, né à Metz. — Don de M. Conrard, couvreur à Metz.

80. — Octave **Olive,** né à Metz, tué à Bazeilles, à l'âge de 23 ans, sergent-major au 3ᵉ régiment de la marine. Son capitaine était M. Colbert. — Don de la famille.

81. — Le colonel **de Suzzoni,** du 2ᵉ régiment de tirailleurs algériens, tué à l'assaut de Wœrth. — Don de Mᵉ de Baruel.

82. — Auguste **Billet,** colonel du 4ᵉ cuirassiers, tué à Limoges par les émeutiers en 1870. — Don de la famille du commandant de cuirassiers Savalle, demeurant à Mars-la-Tour, amie de la famille Billet.

83. — Alphonse **Erpeldinger,** né à Sierck, combattant de Gravelotte, sergent-major au 20ᵉ bataillon de chasseurs à pied, puis, sous-lieutenant au combat de Pont-Noyelle, où il fut mortellement blessé. — Don de sa mère.

84. — Jean-Albert **de Berlhe,** lieutenant au 73ᵉ de ligne, tué à Gravelotte. — Don de la famille.

85. — Jules **Gelée,** né à Thiaucourt, sous-lieutenant d'infanterie, tué à Saint-Privat. — Don d'un de ses amis.

86. — Félix **Bastide,** capitaine au 3ᵉ voltigeurs de la garde, tué à Ladonchamps-sous-Metz, le 7 octobre 1870, né en 1828 à Aurillac (Cantal). — Don de son frère Léon Bastide, bénédictin à Solesmes, ancien abbé de Saint-Martin de Ligugé.

87. — Victor **Hugo,** artificier au 8ᵉ régiment d'artillerie, 6ᵉ batterie, mort à Saint-Privat. — Don de M. François Hugo, demeurant à Braquis (Meuse), lui-même blessé à Gravelotte. Représenté à l'âge de 18 ans.

88. — Benjamin-Eugène **Guichard,** chef de bataillon au

66e de ligne, blessé le 16 août 1870 et mort à l'ambulance de Gorze. — Don de M. Emile Lanternier, de Gorze.

89. — Le docteur **Grellois**, ex-médecin en chef des hôpitaux et ambulances de Metz en 1870. — Don de M. l'abbé Jules Christophe, de Pont-à-Mousson.

90. — Félix **Niclause**, né à Morvillers-les-Vic (Moselle), sergent-major au 27e régiment de marche d'infanterie, tué au combat de Saran, près d'Orléans. — Don de ses parents.

91. Ferdinand **Dromard**, né à Metz, caporal au 18e bataillon de chasseurs à pied, tué le 31 août 1870 au combat de Noisseville. — Don de sa sœur demeurant à Metz.

92. — Alfred **Auburtin**, tué au siège de Thionville. — Don de son ami Honoré Hergat, peintre à Conflans.

93. — Joseph **Tridon**, sous-lieutenant au 51e de ligne, né à Heudicourt (Meuse), tué le 16 août. Représenté en sergent-major. — Don de la famille.

94. — Charles **Panot**, capitaine au 76e de ligne, tué à Borny, le 14 août 1870. — Don de Mme veuve Beausire-Poircin, demeurant à Saint-Maurice-sous-les-Côtes.

95. — Auguste **Corbu**, sergent-major au 4e de ligne, le bras et la cuisse fracassés le 16 août, mort, en septembre, à l'ambulance de l'église de Doncourt. — Don de son frère demeurant à Dijon.

96. — Jules **Merchier**, artilleur de la garde, combattant de Gravelotte. — Don de la famille.

97. — Jean **Nirascou**, lieutenant au 95e de ligne, tué à Saint-Privat. — Don de M. Jullian, chef de bataillon au 71e de ligne.

98. — Auguste **Lefranc**, caporal au 1er voltigeurs de la garde, blessé à Lessy, le 27 août 1870, mort à Metz, le 27 septembre, âgé de 25 ans. Offert par son neveu, M. Turbeaux, demeurant à Crépy (Aisne).

99. — Jules-Alexandre **Laverdure**, capitaine au 64e de ligne, blessé le 16 août 1870, décédé, le 12 septembre suivant, à l'ambulance du château de Villers-aux-Bois, commune de Saint-Marcel. — Don du châtelain, M. d'Asnières.

100. — Eugène **Girardin**, du 11e bataillon de chasseurs à

pied, né à Hannonville-au-Passage, près Mars-la-Tour, blessé à Saint-Julien, et mort à Metz de ses blessures. — Don de M. Mifas, son beau-frère, demeurant à Mars-la-Tour.

101. — Victor **Briot,** capitaine au 94e, tué le 16 août 1870. — Don de Mme Noël-Mynard, sa fille.

102. — Victor **Willaume,** né à Labry, canton de Conflans (Meurthe-et-Moselle), capitaine au 59e, mort des suites de la guerre. Double portrait : dans l'un représenté en capitaine, dans l'autre, en captivité à Kœnigsberg. — Don de Victor Willaume, son neveu, capitaine au 26e de ligne.

.103. — Pierre-Eugène **Leclerc,** sous-lieutenant aux cuirassiers de la garde, tué à Gravelotte.

104. — Le lieutenant **Müller,** du 24e de ligne, tué à Spikeren. — Don de son fils, capitaine au 2e spahis.

105. — Henri-Charles-Auguste **Legros,** sous-lieutenant au 94e, a eu la cuisse droite coupée à la hauteur du tronc par un boulet, mort une demi-heure après, 16 août 1870. — Don de son frère, commandant en non-activité.

106. — **Fournier,** colonel au 44e de ligne, tué à Borny. — Don d'un officier de son régiment.

107. — Gustave **Pothéra de Thou,** officier au 19e chasseurs à pied, mort à Metz, le 7 septembre 1870. Portrait sous verre en cristal. — Don de sa sœur Mme de Thou-Royer-Collard.

108. — Pierre-Georges **de Carrière de Montvert,** lieutenant au 94e. Poitrine traversée par une balle, 16 août 1870. Le mulet qui le transportait sur le cacolet fut tué en chemin par un obus et écrasa le blessé dans sa chute. — Don de son frère, M. l'abbé de Montvert, chanoine de Périgueux.

109. — Alphée **Hainglaise,** fils du général Hainglaise, lieutenant au 2e hussards, blessé le 16 août et mort le 26 à Metz. Il a reçu 13 blessures au combat de cavalerie de Ville-sur-Yron : 1 coup de sabre à l'épaule gauche, 8 sur la tête, 1 au côté gauche, 2 à la main droite, 1 à la main gauche.

110. — Charles-Ernest **Hurtin,** lieutenant au 2e Grenadiers de la Garde, tué le 16 août. — Don de sa mère.

111. — Eugène **Keller,** né à Mars-la-Tour, sergent-major au 24e de ligne blessé à Forbach et mort en captivité des suites

de ses blessures, à l'âge de 20 ans. Représenté en costume d'enfant de troupe. — Don de sa mère, demeurant à Mars-la-Tour.

112. — Henri **Bouteille**, lieutenant aux dragons de l'Impératrice, né à Haguenau, blessé le 16 août 1870 et mort à Doncourt le 29 septembre suivant. — Don de M. Rogier, capitaine en retraite à Fresnes-en-Woëvre (Meuse).

113. — G. **Maus**, commandant de la Garde nationale à Bitche en 1870. — Don de M. Antoine Pauly.

114. — Joseph-Edmond **Lacour**, sous-lieutenant au 20e bataillon de chasseurs à pied, tué à Borny. — Don de M. Bouchez-Génin de Toul.

115. — Eugène **Lefaivre**, capitaine au 66e de ligne, tué à Flavigny le 16 août 1870. — Don de son fils lieutenant au 161e à Verdun.

116. — Henri **Brachfogel**, du 2e Régiment du cuirassiers, a eu son cheval tué sous lui à la bataille de Reischoffen, né à Sierck (Moselle). — Don de sa veuve.

117. — Hermann **Baruel, comte de Bavas**, capitaine au 67e de ligne. — Don de sa veuve.

118. — Constantin-Victor **Beaugeois**, commandant au 67e de ligne, tué le 16 août 1870. — Don de la famille.

119. — Victor **Brajon**, lieutenant au 73e de ligne, blessé le 16 août et mort à Metz de ses blessures. — Don de son frère, demeurant à Lunéville.

120. — Gabriel **Valette**, sous-lieutenant au 93e de ligne, tué à Gravelotte. — Don d'un ami, M. Godard, à Chambéry.

121. — Anatole **Louis**, né à Longwy, sergent-major au 73e de ligne, tué le 18 août d'un éclat d'obus reçu au côté droit. — Don de son oncle Jules Louis.

122. — Marie-Charles-Maurice **du Pont de Romémont**, maréchal-des-logis au 5e chasseurs à cheval à Gravelotte, mort prisonnier de guerre à Vittemberg le 16 décembre 1870. — Don de la famille.

123. — Le capitaine Charles-Félix **Breton**, de Bains-les-Bains, porte-drapeau à la bataille de Borny, laissé pour mort

sur le champ de bataille du 14 avril décédé des suites de ses blessures à Bains-les-Bains. — Don de sa famille.

124. — Le capitaine **Longuet**, blessé de cinq coups de sabre à la bataille de Rezonville où il était sous-lieutenant au 2ᵉ hussards. — Don d'un ami. ·

125. — Joseph **Drouet**, né à Fillières (Moselle) mobile de la Moselle, a pris part au blocus de Metz, fait prisonnier de guerre à Coblentz. — Don de son fils, M. l'abbé Louis Drouet, vicaire à Mars-la-Tour.

126. - Léopold-Charles **Comte de Mondion**, sous-lieutenant au 23ᵉ de ligne, blessé le 16 août à la partie moyenne de la jambe gauche et fracture du tibia, décédé à l'ambulance du Grand Séminaire de Metz le 16 septembre 1870. — Don de son frère.

127. — François **Venino**, lieutenant au 2ᵉ Grenadiers de la Garde, blessé le 16 août 1870 et mort à Nancy après avoir souffert 23 ans de ses blessures. — Don de sa sœur.

128. — Le capitaine **Mathis**, du 55ᵉ Régiment d'Infanterie, blessé le 18 août au Point-du-Jour, amputé d'un bras, décédé en septembre à l'ambulance du Dispensaire de Metz. — Don de M. Couturier, lieutenant-colonel au 56ᵉ.

129. — Le lieutenant **Chauvel** du 57ᵉ de ligne, tué le 16 août. — Don de M. le Commandant Rossignol.

130. — Charles-Georges **Yung**, chef de musique au 97ᵉ tué le 18 août 1870. — Don de sa sœur demeurant à Stenay (Meuse).

131. — Lucien **Gérard**, né à Gorze, maréchal-des-logis fourrier au 2ᵉ Cuirassiers, blessé mortellement à la charge de Reischsoffen le 6 août 1870. Représenté dans un groupe, la main appuyée sur l'épaule d'un de ses camarades. — Don de sa mère.

132. — Alphonse **Bernée**, né à Metz, sous-officier au 13ᵉ régiment d'artillerie a combattu sous Metz, mort à la bataille de Bapaume. — Don de son oncle demeurant à Pont-à-Mousson.

133. — Antoine **Varé**, lieutenant au 10ᵉ de ligne, tué le 16 août. — Don de M. Chocmel, capitaine au 10ᵉ de ligne.

134. — G. d. **Marx**, garde mobile tué par un éclat d'obus la

veille de la reddition de Thionville, en voulant sauver un enfant qui traversait la rue labourée par les projectiles. — Don de sa sœur Mme Godfrin, demeurant à Metz.

135. — Touchante photographie représentant un zouave avec un officier en captivité, avec ces paroles au bas de la photographie : « Pauvre France, la reverrons-nous ? » Don de M. Charpentier, surveillant à la gare de Frouard (M.-et-M.).

136. — Claude-Eugène **Loyer,** capitaine au 29ᵉ de ligne, blessé à Borny et amputé du bras droit. — Don de son fils.

137. — Charles **Royer,** mobile de la Meuse, né à Commercy, tué au siège de Verdun, en allant par dévouement porter la soupe à un de ses camarades qui n'avait pas mangé depuis 36 heures. — Don de la famille.

138. — **Doyard de la Motte,** sous-lieutenant au 57ᵉ de ligne, tué le 16 août. — Don de sa mère.

139. — Le médecin-major **Beurdy,** tué le 16 août. — Don de sa veuve.

140. — Le capitaine **Delherbe** (en costume civil), du 20ᵉ bataillon de chasseurs à pied, tué le 18 août. — Don de sa veuve.

141. — Eugène-Auguste **Boby de la Chapelle,** lieutenant-colonel aux dragons de l'Impératrice, tué le 16 août, sur le plateau d'Yron. — Don de sa veuve, née Julie-Louise de Vignole.

142. — Monsieur **Salle,** vétérinaire aux dragons de l'Impératrice, prisonnier de guerre. — Don de sa veuve.

143. — Deux petites photographies de **Mgr du Pont des Loges,** évêque de Metz en 1870.

144. — Charles-Claude **Liégeois,** sous-lieutenant au 80ᵉ de ligne, né à Metz, tué le 18 août. — Don de Mlle Mathelin, sa cousine, directrice de l'école primaire de filles, à Saulnes.

145. — Le caporal **Lagneau,** du 1ᵉʳ voltigeurs de la Garde, blessé à Ladonchamps, en 1870.

146. — P. **Magot,** du 1ᵉʳ régiment d'artillerie, 4ᵉ corps d'armée, a pris part aux batailles de Borny, Gravelotte, Saint-Privat.

147. — Louis **Calmels,** caporal au 84ᵉ de ligne, 2 blessures le 16 août.

148. — François **Gendarme**, sous-officier au 44e de ligne. — Don de la famille.

149. — Le général de division **Bataille**, blessé le 16 août, à Flavigny. — Don de M. Gendarme, greffier de paix à Thiaucourt (M.-et-M.).

150. — Le maréchal **Lebœuf**, ancien ministre de la guerre, commandant du 3e corps d'armée le 16 août, à la place du général Decaen, blessé mortellement à Borny. — Don de M. Gendarme, greffier de paix à Thiaucourt (M.-et-M.).

151. — Une jolie petite miniature du **Prince Impérial**. — Don de M. Clément Massinot, vice-président de l'Œuvre de Mars-la-Tour, à Paris.

152. — Le général **Fleury**, précepteur du Prince Impérial. — Don de M. Gendarme, greffier de paix à Thiaucourt (M.-et-M.).

153. — Mlle Berthe Munier, la première quêteuse costumée en lorraine pour l'anniversaire du 16 août pendant six années consécutives. Décédée quelque temps après, à Châlons-sur-Marne.

154. — François **Fricquegnon**, sous-lieutenant au 25e de ligne sous Napoléon Ier, né à Abbeville, près Mars-la-Tour. 30 ans de service. A l'âge de 80 ans, il a voulu se faire photographier dans son costume d'officier. On lui a donné place dans le Musée, comme originaire du voisinage. — Don de sa fille, Mme Koch, de Jarny.

CADRES MOYENS

155. — Léon **Tropel**, engagé volontaire aux hussards, âgé de 18 ans, a pris part au blocus de Metz. — Don de sa mère.

156. — Nicolas-Ferdinand **Dominique**, né à Beuvillers (Moselle), chef de bataillon au siège de Longwy où il s'est distingué dans une reconnaissance, prisonnier de guerre après la reddition de la place. — Don de sa belle-sœur, Mlle Céline Martin, demeurant à Ville-au-Montois.

157. — Armand **Tardy**, capitaine au 70e de ligne, tué le 18 août. — Don de sa cousine, Mme la Vicomtesse de Dormy.

158. — Le colonel **Teyssier,** commandant la place de Bitche en 1870-71. — Don de M. Bellecour, son cousin, intendant militaire à Limoges. Le buste original est placé au Musée de l'Armée, à Paris.

159. — Robert **Lequeux,** caporal au 1er régiment de voltigeurs de la garde. — Don de la famille.

160. — A. **Duhoux de Crefcœur,** sous-lieutenant au 1er régiment de voltigeurs de la garde, né à **Labry** (Moselle), près Mars-la-Tour.

161. — Michel **Brayer,** général de brigade, tué le 16 août au ravin de Grizières. — Don de M. Pierret, lieutenant au 79e.

162. — Frédéric **Legrand,** général de division de cavalerie, tué le 16 août sur le plateau d'Yron. Inhumé au cimetière de Doncourt. — Don de la famille.

163. — Jules **de Marguenat,** général de brigade, tué le 16 août. — Don de sa fille, Mme la Marquise de la Haye-Montbault, née de Marguenat.

164. — Joseph **Boutier,** né à Bitche, trompette aux cuirassiers de la garde, blessé à l'épaule droite. — Don de sa veuve et de ses deux fils.

165. — Jean-Pierre **Léxa,** sergent au 14e bataillon de chasseurs à pied, né à Droitaumont, près Mars-la-Tour, tué à Sedan. — Don de la famille.

166. — Frédéric **Bogino,** auteur du Monument national, décédé à Paris, le 21 janvier 1899. — Don de sa veuve et de ses fils.

167. — François-Jules **Humbert,** lieutenant au 2e grenadiers de la garde, blessé au bras d'un éclat d'obus, le 16 août, frère de M. l'abbé Humbert, curé de Saint-Simon, à Metz et chevalier de la Légion d'honneur. — Don de sa veuve, demeurant à Arnaville.

168. — Emile **Roger,** du 6e bataillon de chasseurs à pied. — Don de sa veuve.

169. — Madame **Favrolle,** cantinière au 1er régiment de voltigeurs de la garde. — Don de M. Langlois, de Paris.

170. — Madame **Calvet,** cantinière au 1er régiment de zouaves, en 1870.

171. — Le général **de Ladmirault,** commandant le 4ᵉ corps de l'armée du Rhin, né à Montmorillon (Vienne), le 17 février 1808, décédé à Sillards (Vienne), le 1ᵉʳ février 1898. — Don de M. Langlois, de Paris.

172. — Le maréchal **Canrobert,** commandant le 6ᵉ corps d'armée. — Don de M. Langlois, de Paris.

173. — Emile **Bayeux,** né à Allemagne (Calvados), en 1845, décédé à Paris en octobre 1877, appartenait en 1870 au 1ᵉʳ régiment du génie, en garnison à Metz et prit part aux batailles de Borny, Gravelotte, Saint-Privat, Servigny et Ladonchamps. Son portrait dans un cadre ovale doré est entouré de deux bordures faites avec ses cheveux et porte au-dessous : « A ma chère femme, Adèle Bayeux, je prie le bon Dieu pour toi ».— Offert par son ami d'enfance E. Langlois, secrétaire général de l'Association des Combattants de Gravelotte et de l'armée du Rhin, 16 août 1902.

174. — Albert **de Lestrade,** cavalier aux lanciers de la garde, tué le 16 août en accourant au secours de son colonel attaqué par cinq cavaliers ennemis. — Don de sa mère demeurant à Demu (Gers).

175. — Emile-Marie-Raoul **Camus de la Guibourgère,** né le 2 mars 1833, à Teillé (Loire-Inférieure), aumônier de l'armée de Metz (brigade Lapasset), fait prisonnier au château de Villers-aux-Bois (commune de Saint-Marcel) rempli de blessés auxquels il **a** donné tous ses soins.

176. — Emmanuel **comte d'Esparbès de Lussan,** lieutenant d'artillerie de la garde, tué sur ses pièces, le 16 août 1870, à l'âge de 27 ans. Dernier rejeton d'une grande race, il mourut ainsi digne de ses pères pour sa patrie, en français et en chrétien. — Don de M. le comte du Coëtlosquet, demeurant à Pont-à-Mousson.

177. — Le vicomte Maurice **du Coëtlosquet** a soigné les blessés à Metz avec le plus grand dévouement, mort à Nancy, le 6 octobre 1893. Il appartenait à une des plus illustres et des plus bienfaisantes familles de Metz.

178. — Louis **Lorey** a fait comme médecin militaire les campagnes de Metz et de la Loire en 1870, et **a** soigné les

blessés des deux nations avec un infatigable dévouement. — Don de sa veuve.

179. — Pierre-Romain **Lieutaud,** chef de bataillon au 51e de ligne, né à Etain (Meuse), tué à Gravelotte. — Don de la famille.

180. — Charles-Benoît **Carré,** lieutenant au 97e de ligne, tué le 16 août. — Don de sa veuve.

181. — Le colonel **Ropper,** du 66e de ligne, tué le 16 août. — Don de son fils, capitaine au 6e de ligne.

182. — Joseph **Germain,** né à Sillegny (Lorraine), officier d'administration au siège de Strasbourg, emmené prisonnier de guerre à Erfürt. Il est représenté en costume de sergent-major du 61e de ligne. — Don de la famille.

183. — Edouard **de Térgomain,** capitaine au 67e, tué le 16 août. — Don de Mme Bruté de Rémur, sa sœur.

184. — François-Alexandre **François,** capitaine adjudant-major au 2e chasseurs d'Afrique, blessé mortellement à Ladonchamps, près Metz. — Don de son frère, propriétaire à Rouves (Meurthe-et-Moselle).

185. — Un **Cadre rectangulaire** renfermant quatre portraits :

1° Jules **Merchier,** armée de Metz, artillerie de la garde ;
2° Narcisse **Bailly,** tambour-major au 1er grenadiers de la garde ;
3° François **Parisot,** armée de Metz, 12e régiment de chasseurs ;
4° Henri **Sallot,** armée de Metz, 1er régiment d'artillerie. Don de M. Langlois, président de l'Œuvre de Mars-la-Tour.

186. — Baron **de Neukirchen de Nyvenheim,** lieutenant au 5e chasseurs, tué d'un coup de lance, le 16 août.

187. — Son frère, baron Auguste **de Neukirchen de Nyvenheim,** sous-lieutenant aux lanciers de la garde, blessé mortellement à Gravelotte. — Les deux cadres offerts par leur frère, le baron de Neukirchen de Nyvenheim, demeurant au château de Seidières (Corrèze).

188. — Louis **Merlin,** né à Saint-Brieuc, capitaine au 1er de ligne, blessé à Servigny, mort à Metz.

189. — Son frère François **Merlin**, né à Saint-Brieuc, lieutenant au 2e régiment de zouaves, blessé et mort à Frœschwiller.

190. — Son autre frère, Charles **Merlin**, né à Saint-Brieuc, sergent-fourrier au 1er régiment de ligne, blessé à Gravelotte, mort à Sedan. — Don de la famille.

191. — Charles-Victor **Robinet de Cléry**, sous-lieutenant au 3e bataillon de chasseurs à pied, né à Metz, le 25 février 1850, tué à Gravelotte.

192. — Son frère Louis-Joseph **Robinet de Cléry**, sous-lieutenant au 13e bataillon de chasseurs à pied, né à Metz, le 23 mars 1847, blessé à la bataille de Wœrth et mort, le 19 août, à Haguenau. — Les deux cadres, don de Mme Olry, leur tante.

193. — Jean **Velsche**, né à Sierck, lieutenant au 10e de ligne, coupé par un éclat d'obus, mort sur le brancard pendant le transport à l'ambulance à Saint-Privat. — Don de son frère.

194. — Le général **Lapasset**, qui fit brûler ses drapeaux à Metz, mois d'octobre 1870.

195. — Le sergent **Hoff**, le héros de Champigny (1).

196. — L'abbé **La Bouille**, aumônier du fort Queuleu, chevalier de la Légion d'honneur. D'après une photographie communiquée par M. Urbain. — Don de M. Prillot, photographe à Metz.

197. — Le capitaine **Brière**, combattant de 1870. — Don de l'Œuvre de Mars-la-Tour.

198. — Clément **Massinot**, combattant de Crimée et de 1870 ; sa poitrine est couverte de décorations. — Don de l'Œuvre de Mars-la-Tour.

199. — Photographie du capitaine de cavalerie **Rogier** et grand cadre dans lequel se trouvent plusieurs autres souvenirs : une belle gravure (devenue très rare) du monument élevé par les soins de M. le général de division Desvaux, à la

______

(1) Offert au Musée : photographie par M. Hoff fils, vice-consul de France à Glasgow (Ecosse), encadrement par M. Lucien, membre du comité de l'Association des Combattants de Gravelotte et de l'Armée du Rhin, à Paris, 16 août 1902.

mémoire des officiers tués, le 24 juin 1859, à la bataille de Solférino. Cette gravure est entourée des photographies

du colonel **Pajol,**

du capitaine **Marquier,**

du commandant **Waternaux,**

du capitaine **Cugnot,**

du commandant **Assant,**

du lieutenant **Le Moutier de Saint-André,**

tous trois tués à Solférino, et une photographie représentant le groupe des officiers des dragons de l'impératrice. — Don de M. le capitaine Rogier qui a prié instamment M. le Curé de placer ces photographies dans son musée.

200. — **Album de portraits** doré sur tranche et se fermant à boucles. Il contient entre autres le portrait de M. l'abbé Faller quand il était encore tout jeune curé et celui de son intime ami, M. le comte Fernand de Saintignon, dans son costume de garde général des forêts, décoré de la Légion d'honneur pour sa belle conduite au siège de Longwy.

201. — Portrait de Louis **Lanternier,** né à Gorze, domicilié à Nancy, architecte des travaux de restauration de l'église commémorative de Mars-la-Tour en 1896, et de la construction du Musée militaire en 1902, fondé par M. le chanoine Faller, curé de la paroisse. M. Lanternier a fait à M. le curé la généreuse concession de tous ses honoraires d'architecte de l'église et du musée pour l'encourager dans son œuvre patriotique dont il est ainsi devenu un dévoué bienfaiteur.

202. — Photographie d'Edmond **Macquaire,** lieutenant-colonel au 51ᵉ de ligne, blessé mortellement le 18 août et mort à Metz de ses blessures. — Don de sa veuve.

203. — Portrait avec encadrement doré de F.-A. **Loiseau,** ex-caporal au 36ᵉ de ligne, amputé du bras droit, le 6 août 1870, à Frœschviller.

204. — Joseph **Sallerin,** maréchal des logis au 5ᵉ régiment de lanciers. — Don de l'Association des Combattants de Gravelotte, à Paris.

205. — Photographie du maréchal des logis **Forrest,** du 2ᵉ hussards, frappé de six coups de sabre à la tête dans la

charge du plateau d'Yron. Il est représenté en son costume de lieutenant de hussards. On voit encore sur sa figure une trace des coups de sabre. — Don de Mlle Maria Battancourt, demeurant à Mars-la-Tour, qui l'a soigné avec un incomparable dévouement.

206. — Photographie du capitaine **Lahayville,** originaire de Trésauvaux (Meuse), officier d'ordonnance du général Becket de Sounet, a eu 2 chevaux tués sous lui à Saint-Privat. Après la reddition de Metz, conduit prisonnier à Dusseldorff, s'est évadé, est allé rejoindre l'armée de Faidherbe, à Lille. Pour cet acte, nommé capitaine ; après sa retraite, nommé lieutenant-colonel du service des étapes et chemins de fer. — Don de son neveu, Jules Lahayville, bachelier en droit de la faculté de Nancy, demeurant à Herbeuville (Meuse).

207. — Photographie du général **Bourbaki.** — Don de M. Henri Lataix, ancien banquier, retiré à Briey.

208. — Photographie de M. **de Bouteiller,** ancien député de Metz en 1870, ambulancier dévoué pendant le blocus de ville. — Don du même.

209. — Photographie représentant **la famille Impériale.** — Don du même.

210. — Photographie du commandant **de Vassoigne,** s'évadant après la Capitulation de Metz, déguisé en chiffonnier. Il est mort à Boncourt près de Conflans (M.-et-M.) en janvier 1898. — Don de M. Pergaud, de Boncourt.

211. — Un beau cadre renfermant le portrait de **Mgr Lanusse,** décédé aumônier de l'école St-Cyr, ancien aumônier militaire. Toute sa poitrine est couverte de décorations. — Don de l'Association des Combattants de Gravelotte et de l'armée du Rhin à Paris.

212. — Photographie de Gustave **Bellot-Gégout,** sous-lieutenant au 48e de ligne, tué à Wœrth, 6 août 1870. — Don de M. Henry-Berbain, cirier à Vézelise (M.-et-M.).

213. — Beau cadre renfermant la photographie de Léon-François **Conrard,** soldat au 11e Bataillon de chasseurs à pied, né à Metz le 22 mai 1849, blessé à Borny, le 14 août et décédé à Metz des suites de ses blessures. – Don de son neveu

M. Charles Conrard, demeurant à Metz, 68, rue des Allemands.

214. — Photographie du général **Manèque,** mort le 9 septembre 1870 des suites de ses blessures reçues à Servigny le 31 août 1870. Inhumé au cimetière de St-Julien-les-Metz. — Don de M. Jean, de Vallières près Metz.

215. — Portrait du général **Crémer,** né à Sarreguemines (Moselle). Ramené au grade de chef d'escadron par la commission de Revision, il adressa aussitôt sa démission au ministre de la guerre. — Don de M. Eugène Specht de Paris.

216. — Photographie de **cinq marins** envoyés à Strasbourg sous le commandement du capitaine de vaisseau, Dupetit-Thouars, pour les batteries flottantes sur le Rhin. Renfermés dans la ville, ils ont pris part sous les ordres du contre-amiral Exelmans à la défense de la capitale de l'Alsace assiégée. Souvenir de leur captivité à Rastatt, Fort-Frédéric 1870.

217. — Photographie de G. **Larbaletier,** sous-lieutenant au 7e Hussards, tué le 16 août entre 5 et 6 heures du soir. — Don de sa cousine Mme Eudoxie Dupuy, demeurant à Limoges chez son fils, avoué au tribunal de 1re instance.

218. — Photographie à pied et à cheval de Jean-François **Charlochay,** né à Corny-sur-Moselle, le 2 octobre 1824, fait prisonnier en 1870, comme capitaine de remonte au siège de Metz à l'école d'application, décédé le 2 octobre 1879, comme gérant de la fonderie de canons à Bourges. — Don de M. l'abbé Drouet, curé de Gondrecourt-Aix (M.-et-M.).

219. — Photographie du capitaine **Mônier** du 4e Régiment de Voltigeurs de la Garde Impériale, chevalier de la Légion d'honneur. Médailles militaires de Crimée, d'Italie, et de Sardaigne, tué le 7 octobre 1870 à Ladonchamps ; plusieurs blessures en Crimée et en Italie. — Offerte par son ami le commandant Davrainville, demeurant à Candéran Bordeaux, 4, rue du Bosquet.

220. — Photographie de Charles **Guyot,** du 73e, tué à St-Privat, né à Toul. — Don de M. Hennequin, 18, rue général Gengoult à Toul, par l'intermédiaire de M. Bouge son beau-père.

221. — Photographie de L. **Mesny de Boisseaux,** franc-tireur, de Nuits massacré à Nuits par les Prussiens le 20 novembre 1870. — Don de M. Derôme de Nuits (Côte-d'Or).

222. — Photographie de Armand **Rebouché**, tué à Rambervillers (Vosges) le 9 octobre 1870, à l'âge de 23 ans. Représenté, âgé de 16 ou 17 ans, à la fin de ses études. — Don de sa sœur, 24 septembre 1907, Marie-Anne Rebouché, religieuse de la Doctrine chrétienne, directrice du Cours Normal français, en exil à Virton (Belgique), pensionnat des Sœurs.

223. — 12 Photographies représentant **des zouaves et des turcos,** prisonniers de guerre à Ulm (1870) (10 phot.), la 11ᵉ, un groupe de 20 soldats de la Garde et la 12ᵉ, un soldat d'Infanterie avec les armes et équipements provenant du champ de bataille de Frœschviller. Tous les zouaves et turcos ont pris part à la bataille de Frœschviller. — Don de M. le docteur Otto Ripper, médecin, propriétaire d'un petit musée, demeurant à Ludwigsbourg, près Stuttgard (Vurtemberg).

224. — Photographie de **Trappier,** lieutenant au 59ᵉ de ligne, tué à Noisseville-Servigny, 31 août 1870. Don de M. Jean, délégué du Souvenir français, demeurant à Vallières près Metz.

225. — Photographie de Julien **Laferrière,** lieutenant au 59ᵉ de ligne, tué à Servigny. — Don du même.

226. — Photographie de M. **de Sambœuf,** lieutenant au 4ᵉ Voltigeurs de la Garde, blessé à Rezonville le 16 août 1870.

227. — Portrait de Eugène **Meyblum,** auteur de « l'Orphelin de Gravelotte » et de récits patriotiques.

228. — Portrait de Jules **Benay,** maréchal des logis au Régiment d'artillerie montée de la Garde, atteint de six blessures en pointant sa pièce, le 16 août 1870 à Gravelotte, Mort à St-Donat le 8 janvier 1906 après 36 ans de pansements et de souffrances des suites de ses blessures, comme Gardien de Batterie en retraite, chevalier de la Légion d'honneur. — Don de sa veuve, aujourd'hui Mme Schaub, Vice présidente de la 6ᵉ Section de l'Œuvre de Mars-la-Tour, à Valence-sur-Rhône.

229. — Une photographie de la **7ᵉ Batterie d'Artillerie,** de Strasbourg. — Don de M. Jean, demeurant à Nancy.

230. — Une photographie d'un groupe : **Noustad Eb^e** Mars **71.** — Don du même.

231. — Une photographie **d'un musicien du 94e de ligne,** qui a pris part au combat de St-Privat, ainsi que la paire d'épaulettes qu'il a portées. — Don de M. Jean de Nancy.

232. — Une photographie **d'une ambulancière de Metz** pendant le siège. — Don du même.

233. — Une photographie des officiers de **l'Ecole de la Flèche** sous l'Empire. Don du même.

234. — Un grand album contenant les portraits **des quêteuses du 16 août** etc.

GRANDS CADRES

235. — Alfred **Apchié,** capitaine d'état-major au 80° de ligne, tué le 18 août 1870, près de la ferme du Point-du-Jour. — Beau portrait au pastel, richement encadré, fait et offert par sa fille.

236. — Raymond **Wenger,** capitaine au 43e, né à Rosheim (Alsace) en 1832, blessé à Saint-Privat, mort aux ambulances de Metz. Peinture sur verre. — Don de M. Moehrel, son cousin, peintre sur porcelaine, auteur du portrait.

237. — Le comte Léon **du Coëtlosquet,** soins dévoués aux soldats blessés à Metz, représenté dans son costume militaire d'ancien capitaine. Mort à Metz, le 7 mai 1888, à l'âge de 84 ans. — Don de la famille.

238. — Le capitaine **Doquin de Saint-Preux,** aide de camp du général Brayer, mortellement blessé au ravin de Grisières, le 16 août. — Don de son fils.

239. — Général **Courtot de Cissey,** général de division commandant en 1870 la 1re division du 4e corps (général de Ladmirault), ministre de la guerre, sénateur, grand'croix de la Légion d'honneur, décédé le 15 juin 1882, dans sa 72e année. — Don de M. Joseph de Cissey, son cousin.

240. — Le général **Ducrot,** nommé général de division en

1865, a pris le commandement de la 6e division à Strasbourg, a combattu à Wissembourg, Frœschwiller, Reischoffen, Sedan, Paris. — Don de la famille.

241. — Achille **Cognier**, chef armurier au 1er régiment de grenadiers de la garde. — Don de M. Lucas, de Paris de la part des combattants de Gravelotte.

241 *bis*. — Augustin **Picolet d'Hermillon**, capitaine au 25e d'infanterie, chevalier la Légion d'honneur, décoré de la médaille de la valeur militaire Sarde et de la médaille commémorative de la guerre d'Italie (1859), tué à la bataille de Rezonville. — Don de son neveu, M. le baron Picolet d'Hermillon, demeurant à Grenoble (Isère).

242. — Le capitaine Georges-Thomas **de Maussion**, du 2e hussards, blessé mortellement le 16 août et mort de ses blessures à Doncourt. Large encadrement doré. Au bas se trouve sa médaille d'Italie. — Don de sa veuve.

243. — Charles **Bertrand**, commandant au 80e de ligne, tué le 18 août par un obus à la défense des lignes d'Amanvillers. Cadre distingué. — Don de ses filles demeurant à Nantes.

244. — Grand portrait en peinture de Maurice **de Lardemelle**, sous-lieutenant au 94e de ligne ; bien qu'atteint de la dyssenterie, il marchait le 15 août avec son régiment, quand, près de Gravelotte, à bout de forces, il tomba sans connaissance. Le chirurgien-major le fit aussitôt transporter à Metz chez sa mère où il mourut le 22. — Son portrait et son sabre placé au-dessus, dons de son frère : M. de Lardemelle, colonel du 79e, à Nancy.

245. — Grand portrait en peinture d'Augustin-Stanislas **Reboulet**, capitaine au 10e de ligne, tué le 15 août à Longeville-les-Metz. — Portrait fait et offert par sa fille. Son schako, son sabre avec fourreau et dragonne se trouvent au-dessus du cadre.

246. Denis **Fontaine**, sous-lieutenant au 25e de ligne, tué le 16 août. — Don de ses frères demeurant à Libourne.

247. — Max **de Buyer**, né à Besançon le 25 avril 1852, s'est engagé le 1er novembre 1870 au 63e de marche, dans la compa-

gnie de son frère, s'est battu à Villersexel, à Pont-les-Moulins, a été nommé caporal, n'a pas voulu passer en Suisse et est mort à Pontarlier en se rendant à pied à Chambéry, pour rejoindre son corps d'armée.

248. — Raymond **de Bruyer**, frère du précédent, né le 7 février 1851, s'est engagé le 1er novembre 1870 au 63e de marche, comme officier volontaire, étant admissible à Saint-Cyr, s'est battu à Villersexel et à Pont-les-Moulins ou il fut chargé de protéger la retraite. Son capitaine ayant eu la main droite amputée et son lieutenant étant tombé mort à ses côtés, il arriva au fort des Rousses avec 80 hommes de son régiment, 50 le quittant pour passer en Suisse, 28 seulement le suivent, se frayant un passage à travers les neiges et préférant la mort à la captivité, ils arrivent à Chambéry, rapatrient les troupes à Annemasse. Il est ensuite envoyé à Marseille et à Cette pour les troubles ; de là, voulant poursuivre sa carrière, il s'engage comme officier volontaire au 33e de marche, dans l'armée de Versailles contre la Commune. Sa compagnie prend le fort d'Issy, il entre résolument, le revolver au poing, dans Paris. Il vient, épuisé, mourir à Besançon, le 1er juillet 1871, après avoir été mis à l'ordre du jour et proposé au choix pour la croix et le grade de lieutenant. — (Extraits des papiers de famille, placés sous le portrait).

249. — Marie-Arthur-Paul **comte de Buyer-Mimeures**, frère des deux précédents, capitaine au 62e d'infanterie, chevalier de la Légion d'honneur, mort inconsolable de n'avoir pu venger ses frères. — Ces 3 portraits, dons de leur mère, la marquise douairière de Buyer-Mimeures.

250. — Gaston **de Buyer**, leur cousin, lieutenant de chasseurs à cheval, né à Saint-Loup-Luxeuil, mort en captivité à Dresde, âgé de 22 ans. — Représenté dans son costume d'écuyer de Saumur.

251. — **Ardant du Picq**, colonel du 10e de ligne, tué le 15 août 1870 à Longeville-les-Metz. — Don des officiers du régiment.

252. — Le cavalier **Robert** et le brigadier **Laurent**, chasseurs d'Afrique, tués le 12 août 1870, au combat de Pont-à-Mousson. Leurs portraits sont surmontés d'une guirlande

avec ces mots : Honneur-Patrie. A nous le souvenir, à eux l'immortalité. — Don de Mme Vve Lelarge, sœur du soldat Robert.

253. — L'Abbé Jean - François **Stef**, né à Hautconcourt (Moselle), curé de Mars-la-Tour de 1848 à 1875, président d'honneur du Comité chargé de l'érection du Monument national, décédé à Metz le 16 juillet 1875, à l'âge de 71 ans. — Don de M. Gustave Hennequin, son neveu, statuaire à Paris, auteur du portrait.

254. — François-Nicolas **Pierson,** chef de district au chemin de fer de l'Est, maire de Mars-la-Tour en 1872, premier président du Comité pour l'érection du Monument national, décédé à Mars-la-Tour, le 17 mars 1880. — Don de ses enfants.

255. — Dominique **Lallement,** maire de Mars-la-Tour de 1872 à 1895, a succédé à M. Pierson comme président du Comité pour l'érection du Monument national. Ardent patriote. — Don de Mme Schneider, sa fille.

256. — Le colonel **de Saint-Hillier,** du 2e de ligne, commandeur de la Légion d'honneur, tué à Spickeren, le 6 août 1870. Grand encadrement en chêne. — Don de son fils, officier de cavalerie, à Verdun.

257. — Joseph **Goussin**, commandant l'artillerie de la garde nationale pendant le blocus de Metz. Fort beau cadre. — Don de sa veuve.

258. — Pierre-Adolphe **Batier,** commandant au 4e de ligne, né à Châlons-sur-Marne, tué le 16 août. Très grand portrait en peinture. — Don de son neveu, Paul Batier, demeurant à Châlons-sur-Marne.

259. — Etienne **de Montille,** capitaine adjudant-major au 11e bataillon de chasseurs à pied, né à Beaune, tué à la tête de son bataillon d'une balle au front, le 31 août, à 8 heures du soir, à Servigny-les-Sainte-Barbe. Exhumé du champ de bataille de Servigny, le 26 avril 1871. Inhumé à Créancey (Côte-d'Or), le 1er mai 1871. — Don de la famille.

260. — Michel **Mathias,** né à Maixe (Meurthe-et-Moselle), sous-lieutenant au 94e de ligne, tué le 16 août, à Flavigny. Grand cadre ovale doré. — Don de son frère Joseph Mathias, demeurant à Nancy.

261. — L'abbé **Miroy,** curé de Cuchery (Marne), fusillé à Reims par les Prussiens, le 12 février 1871, pendant l'armistice qui précéda la paix. Grand portrait. — Don de M. Henri Cuvillier, télégraphiste à Reims.

262. — Edgard **Follenfant,** brigadier-fourrier au 5e hussards, tué à Gravelotte, à l'âge de 19 ans. Riche cadre. — Don de sa mère demeurant à Angers.

263. — Nicolas-Toussaint **Collignon,** chef de bataillon au 32e de ligne, tué le 16 août, près de Flavigny, et inhumé à Allamont (Meurthe-et-Moselle), son lieu natal. — Don de sa sœur.

264. — Paul-Louis-Victor **Grandineau,** né à Pezou (Loir-et-Cher), le 26 janvier 1861, école militaire de Saint-Cyr, 15 octobre 1868 ; sous-lieutenant au 2e zouaves, 15 juillet 1870. Mort au champ d'honneur à Wœrth, 6 août 1870. — Donné par son frère, capitaine au 20e chasseurs, à Sampigny (1898).

265. — Emile-Jean **Soudrille,** capitaine adjudant-major au 80e de ligne, blessé mortellement aux lignes d'Amanvillers (ferme Saint-Hubert). — Offert par sa veuve, le 1er juillet 1897, domiciliée à Cahors.

2 grands cadres :

266. — **Le premier** porte :

6e CORPS D'ARMÉE.

2e DIVISION. — 1re BRIGADE.

9e Régiment d'Infanterie.

OFFICIERS TUÉS, LE 16 AOÛT 1870, A GRAVELOTTE :

Pavet de Courteille, lieutenant-colonel ;

Moreau, capitaine, — **Rougeot,** capitaine,

Naudenot, » — **Cavalier,** »

Casteuil, lieutenant, — **de Jullienne d'Arc,** lieut.

Gau, lieutenant,

Humbert, — **Hévrard,** sous-lieutenants,

Virgitti, — **Guignard,** — **Roma,** sous-lieutenants.

Don des officiers du 9e de ligne.

267. — **Le deuxième cadre** renferme neuf portraits photographiés :

1re photographie : du capitaine **Moreau**,

2e   »   »   **Naudenot**,

3e   »   »   **Cavalier**,

4e   »   du lieutenant **Casteuil**,

5e   »   »   **Gau**,

6e   »   »   **de Jullienne d'Arc**,

7e   »   du sous-lieutenant **Guignard**,

8e   »   »   **Humbert**,

9e   »   »   **Hévrard**.

Don des officiers du 9e de ligne.

268. — Charles-Marie-Paul **Bastien**, né à Nancy, le 22 mai 1851, élève de l'école Saint-Clément, à Metz, de 1863 à 1869, engagé volontaire au 5e chasseurs à cheval, en juillet 1870, blessé mortellement au combat de Thierville, 28 octobre, où il a gagné la médaille militaire pour un fait d'armes remarquable, mort à Verdun, le 20 novembre 1870, et ramené ensuite au cimetière de Préville, à Nancy.

Deo fidus. — Patriæ devotus.

Cadre d'une grande distinction. — Donné par sa mère, Mme veuve Bastien, domiciliée à Nancy.

269. — Le colonel Ernest **de Franchessin**, né à Talange, en 1824, du 96e régiment d'infanterie, tué à Frœschviller, le 6 août. Grand cadre où il est représenté à pied.

270. — Un cadre de même dimension renfermant les portraits des membres militaires de la famille avec une notice historique pour chacun. — Ces deux grands cadres, don de ses neveux, Henri de Franchessin, lieutenant au 148e, et M. l'abbé de Franchessin, aumônier du lycée de Verdun.

271. — Le général **Margueritte** (très beau cadre), commandant la division des chasseurs d'Afrique, blessé mortellement à Sedan au lieu dit : « le Calvaire d'Illy », le 1er septembre 1870. Une balle a traversé la joue gauche, coupé la langue, est sortie par la joue droite. Son corps repose dans le cimetière de Mustapha, à Alger.

272. — Le général **Révérony**, officier d'ordonnance du général Margueritte en 1870, a sauvé deux fois la vie à son

général à Pont-à-Mousson, est décédé à Verdun, le 13 septembre 1899, commandant la 3e brigade de hussards. Grand cadre. — Don de Mme veuve Lelarge, née Robert, sœur du cavalier Robert, ordonnance du lieutenant Révérony. Le cavalier Robert a été tué, le 12 août, à Pont-à-Mousson.

273. — Joseph-Eugène **Michel**, officier d'administration à Metz. — Don de sa veuve, demeurant a Nancy.

274 — L abbé **Risse**, directeur de l'Œuvre des Jeunes Gens à Metz, décoré de la croix de la Légion d'honneur pour son dévouement de nuit et de jour envers les blessés. — Don de son ami, M. l'abbé Jacques, aumônier militaire en 1870.

275. — Capitaine Armand-Antoine **de Champs**, adjudant-major au 59e de ligne, né aux Chaumes, commune de Chaulgnes (Nièvre), tombé glorieusement à la bataille de Servigny, le 31 août 1870. Fidèle au devoir et craignant Dieu. Grand cadre en chêne, à l'angle duquel se trouvent les armoiries de sa famille. — Don de ses parents.

276. — Pierre **Humbert**, né à Labeuville près Mars-la-Tour, engagé volontaire au 4e zouaves, tué à la bataille du Mans par un obus qui lui a emporté tout le côté gauche. — Don de sa nièce Mme Colette hôtel, du Commerce, à Mars-la-Tour.

277. — Général **Henrion-Bertier**, né à Nancy, colonel au 70e en 1870, blessé à Gravelotte d'un éclat d'obus, décédé à Neuilly-sur-Seine. Président de l'Association des Combattants de Gravelotte et de l'Armée du Rhin. — Don de l'Association.

278. — Edouard **Schiffmacher**, lieutenant au 4e Régiment de cuirassiers, chevalier de la Légion d'honneur, tué à Reischshoffen, le 6 août 1870. — Don de sa veuve.

279. — Louis **Richard**, né à Mulhouse, lieutenent au 26e de ligne, blessé à Gravelotte, mort à Metz, le 21 août 1870. Sa médaille d'Italie est sous verre, en bas du portrait. — Don de sa veuve.

280. — Auguste **Handvogel**, engagé volontaire au 4e chasseurs à cheval, tué le 16 août 1870 à la tête de l'escorte du général Fauvart-Bastoul dans un mouvement en avant. Il n'avait pas vingt ans. — Don de Mme Kahn, sa sœur.

281. — Jean **Malraison,** né à Bouzonville (Lorraine), capitaine adjudant-major au 6ᵉ Lanciers, tué à Reischsoffen. Grand cadre au pas tel fait et offert par sa nièce Mlle Fagonde, artiste-peintre à Pont-à-Mousson.

282. — Grand cadre ovale représentant le portrait de **Mgr du Pont des Loges,** évêque de Metz en 1870, s'est distingué par son grand patriotisme, et a soutenu par sa parole et ses exemples le courage de ses malheureux diocésains dans leur lamentable infortune. — Don de M. l'abbé Villeumier son ancien vicaire général.

283. — **Mgr Charles-François Turinaz,** évêque de Nancy et de Toul, haranguant la foule le 16 août 1895, 25ᵉ anniversaire de la bataille de Gravelotte. Tableau de Monchablon. — Don de M. Ritter de Mars-la-Tour.

284. — M. le chanoine François **Mouzon,** curé-doyen de Chambley de 1889 à 1902, curé de Sainte-Marie-aux-Chènes en 1870 où il a soigné avec le plus grand dévouement les soldats blessés du 18 août et assisté un grand nombre d'entre eux à leurs derniers moments. — Don de la famille.

285. — Le lieutenant **Jouatte,** dans sa tenue du champ de bataille. Blessé le 17 août 1870 à Gravelotte, 6ᵉ batterie du 15ᵉ d'artillerie près de la ferme de Flavigny. — Don du lieutenant Jouatte, maintenant commandant Jouatte, président d'honneur, fondateur de la Société des Combattants de Gravelotte.

286. — Portrait du généralissime **Saussier,** colonel du 41ᵉ Régiment d'Infanterie à l'armée de Metz, richement encadré. — Don de l'Œuvre de Mars-la-Tour.

287. — Grand portrait de M. le chanoine Joseph **Faller,** curé de Mars-la-Tour, richement encadré par les soins de la Véritable Association d'artistes français. M. Thévenot, directeur qui en a fait don au Musée, en mai 1907.

288. — M. **Nicolas,** sergent au 1ᵉʳ Régiment de zouaves. Grand cadre offert par M. Baudot, le clairon de Malakoff.

289. — Mme **Vialar,** cantinière au 131ᵉ Régiment d'Infanterie, à servi pendant le blocus de Metz comme cantinière dans un des Régiments de la Garde Impériale, grand cadre offert par M. Baudot.

290. — M. **Poitou**, sergent au 1er zouaves. Grand cadre offert par M. Baudot.

291. — Un grand et fort beau cadre de 1 m. 10 de haut sur 0 m. 80 de large renfermant le portrait et quelques souvenirs de Charles-Alexis-Victor **Fabrègue**, né le 24 mai 1849 à Clermont (Oise), lieutenant au 3e Grenadiers de la Garde Impériale, tué à Rezonville, le 16 août 1870. — Don de son frère demeurant à Paris.

TROISIÈME SECTION

Cadres, tableaux, gravures

292. — **Le camp des prisonniers français à Alt-Damm**, en gravure. — Don de M. Noël ex-cavalier au 2e dragons à l'Armée de Metz, demeurant à Maisons-Laffite (Seine et Oise).

293. — **La bataille de Sedan**, d'après un tableau allemand, en photographie. — Don de Mme la générale Révérony.

294. — **La Bataille de Saint-Privat**. La brigade Pichot (6e corps) 9e bataillon de chasseurs, 4e et 10e de ligne, repousse à la baïonnette la garde royale prussienne à son 3e assaut sur le village de Saint-Privat. Image en carton, mêlée curieuse, combat corps à corps acharné.

295. — Grande gravure. **La bataille de Reischsoffen**. Tableau de Aimé Morot. Salon de 1887. Dessin de Jules Lavée.

296. — **Arrivée de Napoléon III** à la Préfecture de Metz en 1870. Photographie moyenne.

297. — Une belle photographie encadrée représentant **un groupe pris le 16 août 1893**. On y remarque entr'autres : M. Giraud, sous préfet de Briey. M. le Procureur de la Répu-

blique à Bricy. M. Lallement, maire de Mars-la-Tour. M. l'abbé Faller, curé de la Paroisse. M. Jacquin, instituteur primaire. M. Gérard, Président des Sauveteurs de Nancy. — Mme Cassette, ambulancière en 1870.

298. — Un cadre ovale renfermant **des médailles allemandes**, trouvées sur le champ de bataille.

299. — **Dépêche de Guillaume Ier**, roi de Prusse à la reine Augusta, le 1er septembre 1870, pour lui annoncer le grand désastre des Français à Sedan. Elle est écrite en allemand, sur papier employé dans les bureaux de la Télégraphie allemande. Toutes les indications et abréviations sont en allemand. En voici la traduction française :

TELEGRAPHIE

DE LA CONFÉDÉRATION GERMANIQUE DU NORD

A la Reine Augusta à Berlin.

L'armée française est cernée dans Sedan. L'empereur Napoléon m'a remis son épée. Je l'ai acceptée. J'ai exigé que l'armée française soit considérée comme prisonnière de guerre.
Dieu nous a visiblement bénis.

GUILLAUME.

Don de M. Jean-Jost de Villerupt, qui l'a trouvée dans les papiers d'un de ses oncles, ancien curé, et mort en retraite à Diekirch (Grand-Duché de Luxembourg) dans le mois d'avril 1899.

300. — Le général **Raoult**, dernier épisode de la bataille de Woerth. — Tableau d'Emile Boutigny. Gravure cartonnée.

301. — Une **jeune fille Messine** devant les juges allemands à Metz, poursuivie pour avoir crié : Vive la France ! le 16 août 1894, mais acquittée parcequ'elle prouva qu'elle avait poussé ce cri patriotique sur le territoire de Mars-la-Tour, avant de passer la frontière. La notice historique se trouve au-dessus du tableau. Cette jeune fille messine est maintenant Mme Kreiss, femme de l'imprimeur de ce nom, à Nancy.

302. — **3e Régiment de Dragons.** Groupe de tous les officiers du régiment, un peu avant 1870. 34 portraits. — Don de M. Guérel, pharmacien à Houdau (Seine-et-Oise).

303. — **Cérémonie du 16 Août 1893.** Le service funèbre, cette année-là, a été chanté près du Monument. La photographie donne une une idée de toutes les décorations. Curieuse gravure encadrée.

304. — La foule sur **la Place de l'Eglise** le 16 août 1893. Belle photographie. — Don de M. Millery.

305. — **Bataille de Reischoffen,** 6 août 1870. Charge du 9ᵉ cuirassiers dans le village de Morsbronn. Grande gravure, dessin de Jules Lavée. Tableau de Detaille. Scène émouvante et triste à la fois, en présence du village barricadé par l'ennemi.

306. — **Une Surprise au Point-du-Jour,** par de Neuville. Beau tableau. — Don de M. l'abbé Drouet, vicaire de Mars-la-Tour.

307. — **La Cérémonie du 16 Août** à Mars-la-Tour. Cadre intéressant.

308. — Une grande photographie représentant le **Maître-Autel de l'Eglise de Mars-la-Tour** avec son bas-relief (1ʳᵉ transformation de l'église).

309. — Grande photographie représentant un **Groupe des Officiers du 12ᵉ Dragons.** 38 portraits. — Don de M. Guérel, pharmacien à Houdau (Seine-et-Oise).

310. — **Un Groupe d'Officiers** d'artillerie et du génie, de l'armée de Metz. Photographie de captivité, grand cadre. — Don de M. Gendarme, greffier de paix à Thiaucourt (M.-et-M.).

311. — Groupe des officiers de l'**Etat-Major du Général de Cissey** en 1870, logés pendant le blocus de Metz chez le colonel Hennocque, à Longeville-les-Metz. Grand cadre ; au bas de la photographie, on lit :

Général de Cissey.	Capitaine Garan.
Général de Place.	Lieutenant Foulon.
Commandant Debize.	» de Seroux.
Capitaine Frater.	» Roux.
» de la Boulaye.	» Roux.
» de la Boulaye.	

Don de Mme Hennocque, belle-fille du colonel.

312. — **Blessés de Gravelotte,** 1870. Belle photographie,

reproduction d'un touchant tableau de Th. Devilly. — Don de sa veuve.

313. — Décorations du Colonel Amadieu du 75e de ligne et de plusieurs membres de sa famille. Grand cadre ovale, renfermant 12 décorations. — Don de Mlle la baronne de Cavaignac de la part de sa sœur, la veuve du colonel Amadieu, tué le 16 août.

314. — Le Salut aux Blessés. Vive la France ! Salon de 1888. Tableau de M. Gaston-Claris. Grande gravure sur carton.

315. — Armée de la Loire. Les mobiles bretons et les zouaves pontificaux à Patay, par M. Hupray. Image cartonnée.

316. — Panorama de l'**Ile Chambière,** de la plaine de Thionville et des forts (rive gauche) et campement du régiment des dragons de l'Impératrice. Dessin fort intéressant, fait par M. Salle, vétérinaire aux dragons de l'Impératrice et donné au Musée, le 16 août 1901, par son fils, le docteur Salle, médecin en chef de l'hôpital de Nancy.

317. — Aux Défenseurs de Belfort, 1870-71. Le lion de Belfort, 25e anniversaire de la Défense. Image d'une expression énergique.

318. — Le Monument de Bruville, sculpté par Aubé.

319. — La Tour de Gravelotte, démolie pour construire un fort allemand sur son emplacement et ses environs.

320. — Le Monument de la Défense de Châteaudun. La ville de Châteaudun a bien mérité de la Patrie (Décret du Gouvernement de la Défense Nationale, 20 octobre 1870).

321. — 25 petites Photographies circulaires représentant les édifices et les sites intéressants de Strasbourg. Elles sont enfermées dans une petite boîte, se tenant l'une à l'autre. Elles sont déroulées et placées au-dessous des trois premiers cadres du bombardement de Strasbourg. — Don de M. Léon Thiot, dessinateur à Epinal.

322. — Laissez-passer Allemand, de G. Lucien, membre de l'Association des combattants de Gravelotte, à Paris. Il est daté de Wésel, 1er juillet 1871. — Offert au Musée, par G. Lucien.

323. — **3 cartes postales** : Monument de Saint-Quentin ; Monument de Bapaume ; Statue de Faidherbe. — Don de M. Pierrard Joseph.

324. — **Un Diplôme de Médaille Militaire**, signé par Bazaine. Il est ainsi libellé. On voit en tête le cachet aux armes impériales :

Armée du Rhin

LE MARÉCHAL DE FRANCE,
Commandant en Chef de l'Armée du Rhin,

informe M. Grossot, gendarme à cheval, que, par arrêté du 5 octobre 1870, il lui a provisoirement conféré la médaille militaire.

Au Grand Quartier général,
Au Ban-Saint-Martin, 5 octobre 1870.

BAZAINE.

à M. Grossot.

Don de sa fille, Mlle Elisa Grossot, institutrice à Nancy, en mémoire de son père, gendarme en retraite à Mars-la-Tour.

325. — **L'Orphelin de Gravelotte**, par Eugène Meyblum. Récit en prose encadré. — Don de l'auteur.

326. — **Médaille d'Italie et Croix de la Légion d'honneur** de Victor Willaume, né à Labry, près de Mars-la-Tour, capitaine au 59e de ligne. Cadre ovale. — Don de Victor Willaume, son neveu, capitaine au 26e.

327. — **Petit crucifix** que M. l'abbé Mouzon, le dévoué curé de Sainte-Marie-aux-Chênes a donné à baiser à de nombreux soldats mourants, tant français qu'allemands. Ce crucifix il le portait toujours sur lui à cause des touchants souvenirs qu'il lui rappelait. Il avait promis ce crucifix au Musée de Mars-la-Tour. Cadre rectangulaire. — Don de la famille.

328. — **Souvenir amical du 16 août 1894** à Mars-la-Tour, à M. l'abbé Faller, curé de la paroisse. Aimé Voignier. Grande photographie encadrée et fort intéressante, représentant les principaux personnages invités le 16 août et réunis dans la salle de la mairie.

329. — Une grande gravure de G. Moreau, de Tours. « En avant, en avant ! » **Mort du colonel de Franchessin** (Frœschviller, 6 août 1870). Salon de 1889.

330. — **Salut aux Blessés allemands,** d'Edouard Detaille. Petit cadre en chêne. — Don de M. le baron de Mueller, officier saxon à Dresde.

331. — **Le Monument du Maréchal Canrobert** à Saint-Céré (Lot). — Don des délégués de l'Association des Combattants de Gravelotte et de l'Armée du Rhin, à l'inauguration du Monument, le 30 octobre 1897. Grand tableau.

332. — **Strasbourg** au milieu des ruines, 1870. Grand tableau. Scène émouvante.

333. — **Le Monument des Français** au cimetière de l'Est, à Metz. Grand tableau. — Don de M. Prillot, photographe à Metz.

334. — **Beaumetz.** A la baïonnette. Champigny, 2 décembre 1870. Belle gravure.

335. — **Le Panorama de la bataille de Champigny,** 30 novembre 1870. Longueur de la gravure : 3^m50, d'après Edouard Detaille et de Neuville.

336. — **Monument du Général Blaise,** né à Saint-Mihiel (Meuse), élevé dans le cimetière de la Ville. Grande photographie donnée par M. Franck, négociant à Saint-Mihiel.

337. — **Croix de Chevalier de la Légion d'honneur,** remise par un officier partant de Metz en captivité, à M. Antoine Didon, propriétaire à Lorry-les-Metz. Cette croix n'ayant pas été réclamée depuis 27 ans, le propriétaire en a fait don au musée de Mars-la-Tour, en 1897. Cadre ovale.

338. — **Médaille militaire** de François Cognard, né à Mars-la-Tour, brigadier de gendarmerie, combattant de 1870. Cadre ovale.

339. — **Médaille d'Italie** du capitaine Rougeot, du 9e de ligne. Cadre ovale.

340. — **Croix d'honneur et Médaille militaire** de Jean-Baptiste Gevrey, capitaine du génie. Cadre ovale. — Don de sa veuve.

341. — **Croix d'honneur** trouvée sur le champ de bataille de Loigny. Cadre ovale. — Don de Mme de Sailly.

342. — **Médaille d'Italie** d'Hermann de Baruel, comte de Bavas, capitaine au 67e de ligne. Don de sa veuve.

343. — **Croix de la Légion d'honneur** du capitaine Roque des carabiniers de la garde, donnée par son ami M. Prosper Germain, domicilié a Paris.

344. — **Croix de la Légion d'honneur** de Léon Tropel, engagé volontaire au blocus de Metz, devenu capitaine-commandant au 11e hussards, mort des suites de la guerre. Dans le même cadre se trouvent croix d'honneur et médaille de Sainte-Hélène de Jean-Baptiste-Denis Dufort, grand'père du capitaine Tropel, né à Charleville, canton de Pange (Moselle), sergent au 25e de ligne sous Napoléon Ier. 11 campagnes et plusieurs blessures, réputé pour sa bravoure, a monté le premier à l'assaut à l'affaire de Ratisbonne, 23 avril 1809, décédé à Metz, gendarme en retraite, âgé de 84 ans. — Grand cadre ovale. — Don de ses filles, Mmes Yves Tropel et Crémer, demeurant à Metz.

345. — **Cinq photographies.** Siège de Bitche.

346. — **Une ambulance privée** pendant le siège de Paris.

347. — **Un groupe de princes allemands**, au milieu desquels on voit Frédéric III et le Kronprintz, actuellement Guillaume II.

348. — **Officiers allemands** passant en 1870, une revue d'habillement en face du grand portail de la cathédrale de Reims. Don de M. Cuvillier, télégraphiste à Reims.

349. — Photographie d'**un monument allemand**. Champ de bataille du 18 août.

350. — Photographie d'**un monument catholique allemand** à Saint-Privat.

351. — Photographie du **monument du plateau d'Avron**.

352. — ”   ”   des batailles de Champigny.

353. — ”   de Bry-sur-Marne. Monument du commandant Franchetti.

354. — ”   de Bry-sur-Marne. Monument du comte Padénas.

355. — ”   guerre franco-allemande, 1870-71.

Les quatre photographies : Don de M. Picard, de Paris.

356. — **Photographie du Mont Saint-Quentin** et du Petit Séminaire de Montigny-les-Metz.

357. — Petite photographie représentant **les dames de Metz** soignant les blessés. — Don de M. Oppenheim, de Metz.

358. — Décorations du commandant **Bellegarigue**, président de l'Association des combattants de Gravelotte et de l'armée du Rhin. Offertes par son fils. Beau cadre ovale en chêne.

359. — **La Dernière Cartouche** sur le champ de bataille. Tableau en peinture, fait et offert par M. Artisson, peintre à Jarny.

360. — **Fragments de drapeaux français** recueillis en 1870 à l'Arsenal de Metz pendant qu'on se les partageait. Beau cadre doré. — Don de M. Olive-Wirth de Pont-à-Mousson.

361. — **Le cimetière de Saint-Privat** (18 août 1870). Grande reproduction du tableau de Neuville avec la notice imprimée au bas de la gravure : « Les débris du 9e Bataillon de chasseurs à pied, du 4e 10e et 12e de ligne y furent laissés pour protéger la retraite, en tenant jusqu'à la dernière extrémité. Les rues, les maisons furent défendues pied à pied contre le torrent des troupes allemandes envahissant le village par toutes les issues à la fois. L'effort suprème de résistance se concentra dans le petit cimetière de l'église au centre même du village. Et là furent tués où pris les derniers défenseurs cernés de toutes parts et à bout de forces et de munitions. Mais la défaite du 6e corps seul coûtait à l'armée prussienne 10.400 hommes et le lendemain le roi Guillaume télégraphiait à la Reine Augusta. « Ma garde a trouvé son tombeau devant Saint-Privat ». Riche encadrement. — Don de M. l'abbé Oudin, curé près de Paris.

362. — Monument érigé à la mémoire **des 12 enfants de Sierck** morts pour la Patrie en 1870. Inauguré le 10 septembre 1901. Grande photographie encadrée. — Don de M. Person.

363. — Monument élevé au cimetière de Reims, en mémoire de M. **l'abbé Miroy,** curé de Cuchery (Marne) fusillé à Reims par les Prussiens le 12 février 1871 pendant l'armistice qui précéda la paix. Cadre donné par M. Cuvillier, télégraphiste à Reims.

364. — Une grande gravure coloriée représentant **les sœurs de charité** soignant les blessés sur le champ de bataille.

365. — **Siège et bombardement de Paris** par les Prussiens. Grande image cartonnée et colorié, représentant le Roi de Prusse, le général de Moltke et Bismarck au milieu de l'armée assiégeante, avec une notice historique.

366. — Une gravure coloriée et cartonnée (Imagerie allemande), représentant **des scènes de champ de bataille** de la guerre franco-allemande.

367. — **La bataille de Sedan**. Grande image coloriée et cartonnée. (Imagerie allemande). Notice historique : texte en allemand.

368. — **Bataille de Borny,** 14 août 1870. Image coloriée et cartonnée. Texte historique. Imagerie de P. Didion à Metz.

369. **Bataille de Reischshoffen**, 6 août 1870. Image coloriée et cartonnée. Notice historique. — Don de l'Imagerie d'Epinal.

370. — **Bataille de Wissembourg**, 4 août 1870. Grande image coloriée et cartonnée. Notice historique. — Don de l'Imagerie d'Epinal.

371. — Grande image coloriée et cartonnée, très curieuse, représentant **l'anniversaire du 16 août 1892**, auprès du monument,

372. — **La charge du général Legrand** sur le plateau de Ville-sur-Yron 16 août. Grande reproduction du tableau de Neuville. Riche encadrement. — Don de M. l'abbé Oudin, curé près de Paris.

373. — Peinture sur verre représentant **un porte-drapeau** pendant la bataille. Œuvre de Mœhrel, peintre sur porcelaine à Vincennes.

374. — Peinture représentant **un porte-drapeau tué** et couché dans les plis de son drapeau. Œuvre du même.

375. — Peinture représentant **un capitaine d'Etat-major** étudiant un plan de bataille, d'après de Neuville. Reproduction de M. Mœhrel donnée au Musée par M. Chéron de Paris.

376. — Photographie encadrée représentant **l'autel sur lequel la messe a été chantée** auprès du Monument le 16 août 1890.

377. — Photographie encadrée du 16 août 1890, représentant à la fois **l'autel et le Monument national**.

378. — Photographie encadrée du 16 août 1893, représentant **le Monument national avec toutes ses décorations** faites par les armuriers militaires de Verdun. — Don de M. Emile Badel et Pierre Bossert.

379. — Photographie encadrée du 16 août 1893, représentant **la foule au pied du Monument**.

380. — Autre photographie, encadrée du **16 août 1893**.

381. — 4 Grandes photographies représentant divers points de vue de **l'anniversaire du 16 août 1898**. — Don de M. le baron de Heckenheim.

382. — Photographies représentant **diverses scènes et groupes** le 16 août 1898. — Don de M. Baldé, demeurant à Sorbey (Meuse).

383. — Une photographie du **16 août 1902**. — Don de M. le baron de Heckenheim.

384. — 7 Photographies données par M. Diot, greffier de paix à Nancy.

1º Le château occupé par Napoléon III, près de Sedan.

2º Une vue de Peltre, près Metz.

3º Une vue des Petites-Tappes, près Metz.

4º La préfecture de Strasbourg. Effets du bombardement du côté du quai.

5º Monument des officiers français sur la place de Bazeilles.

6º La crypte de Bazeilles.

7º La croix de la flèche de la cathédrale de Strasbourg, inclinée par un éclat d'obus.

385. — Champ de **bataille de Rezonville**.

386. — **Le bois des Oignons**, en 3 grands cadres. Offert par le fils du capitaine Lefaivre du 66ᵉ tué à Rezonville.

387. — 2 Jolies petites photographies : **l'église de Mars-la-Tour et le Monument national**. — Don de M. Albert Massot.

388. — Le monument national, grande reproduction.

389. — Le haut-relief de cavalerie   —

390. — Le haut-relief d'infanterie   —

Don de M. Bogino, l'auteur du monument national et de ses haut-reliefs. Grands cadres.

391. — **Appel fait à la France**, le 2 octobre 1872 pour l'érection du Monument national. Suit le texte signé par les membres du Comité pour la réalisation du projet : Stef, curé de Mars-la-Tour. Pierson, maire, président. Lallement, conseiller municipal, vice-président. Delandre père, conseiller municipal, trésorier. Goffard, propriétaire. Friaque, fils, officier de la Garde mobile, secrétaire. (Grand cadre).

392. — Image coloriée et encadrée, représentant **le combat de Pont-à-Mousson**, 12 août 1870, avec une notice historique. Imagerie de Haguenthal de Pont-à-Mousson. — Don de Mlle Lacroix de Pont-à-Mousson.

393. — Gravure de la **plaque commémorative** apposée sur la façade de l'Hôtel du Lion d'Or, rue Gambetta, à Pont-à-Mousson. Texte de l'inscription : Le 12 août 1870, à l'assaut de cette maison par le 1er Régiment de chasseurs d'Afrique, sous les ordres du brave général Margueritte, le brigadier Laurent, et le soldat Robert, furent blessés mortellement. A nous le Souvenir, à eux l'Immortalité ! — Don du Comité du Souvenir français à Pont-à-Mousson. (Grand cadre).

394. — **Le Monument français** érigé au cimetière de Pont-à-Mousson, le 18 novembre 1900. — Don du Comité de Pont-à-Mousson. Beau cadre.

395. — Une image allemande, cartonnée et coloriée, représentant **9 Scènes de champ de bataille.**

396. — **Artillerie. Mise en batterie.** Armée de Metz. Grande image cartonnée, dessin de Jules Lavée, d'après H. Duprey.

397. — **Bataille de Gravelotte** : Episode : Les charges de cavalerie, image coloriée et cartonnée, avec notice historique. — Don de M. Pellerin et Cie. Imagerie d'Epinal.

398. — **Bataille de Gravelotte :** Episode : Début de

l'action, combat d'artillerie avec notice historique. — Don de M. Pellerin et C\^{ie}, d'Epinal.

8 cadres représentant en images coloriées les divers **costumes de la Garde Impériale.**

399. — 1° Chasseurs à pied et zouave.

400. — 2° Lancier et dragon de l'Impératrice.

401. — 3° Artillerie à cheval et artillerie à pied.

402. — 4° Train d'artillerie, train des équipages et génie.

403. — 5° Grenadier et voltigeur.

404. — 6° Gendarme à pied, gendarme à cheval, cent-gardes.

405. — 7° Cuirassier et carabinier.

406. — 8° Guide et chasseur à cheval.

Don de la Société d'Edition et de Librairie, 5, rue Palatine, Paris.

407. — Metz. **Vues de l'Esplanade,** pendant le blocus. Grand cadre. — Don de M. Louis Drion, négociant à Commercy.

Le Blocus de Metz en 16 grands tableaux, encadrés, achetés par M. l'abbé Faller pour le musée.

408. — 1° Camp de Vallières.

409. — 2° Cavaliers sans chevaux apprenant le service d'infanterie.

410. — 3° Camp de cavalerie (Ile Chambière).

411. — 4° Camp hors la Porte des Allemands.

412. — 5° Ambulances à l'île Chambière.

413. — 6° Dragons de l'Impératrice (Ile Chambière).

414. — 7° Gourbis des zouaves (Ban-Saint-Martin).

415. — 8° Camp de cavalerie (Ile Chambière).

416. — 9° Ambulances devant la caserne du génie.

417. — 10° Ambulances (Esplanade).

418. — 11° Camp à Queuleu.

419. — 12° Fort-Belle-Croix.

420. — 13° Ambulances (Esplanade et Palais de justice).

421. — 14° Boucherie chevaline au Ban-Saint-Martin.

422. — 15° Camp de cavalerie (Ile Chambière).

423. — 16° Groupe militaire à Chambière.

Collection d'affiches officielles pendant le blocus de Metz (20).

424. — 1re affiche. Les villes et forteresses de la Lorraine et de l'Alsace sont déclarées en état de siège. Le général de Coffinières est nommé commandant supérieur de la ville de Metz. Règlements de service dans les places de guerre et les villes de garnison. — Signé : Napoléon.

425. — 2e affiche. Appel de la garde nationale sédentaire. Metz, 7 août 1870.

426. — 3e affiche. Mesures concernant les étrangers. Signé : Coffinières. Metz, 7 août 1870.

427. — 4e affiche. Organisation de la garde nationale. Signé : Coffinières. Metz 8 août 1870.

428. — 5e affiche. Ajournement des traites et des billets de commerce. Signé : Coffinières. Metz, 9 août 1870.

429. — 6e affiche. Empire français. Déclaration du gouvernement aux Chambres. Pour copie : Paul Odent, préfet de la Moselle. Paris, 9 août 1870.

430. — 7e affiche. Service de la distribution d'eau. Signé : Félix Maréchal. Metz, 10 août 1870.

431. — 8e affiche. Décision relative aux habitants des campagnes. Ils ne seront plus reçus à Metz. Signé : Coffinières. Metz, 12 août 1870.

432. — 9e affiche. Heures de l'ouverture et de la fermeture des portes de la ville de Metz. Signé : Coffinières. Metz, le 16 août 1870.

433. — 10e affiche. 3 circulaires du Ministre de la guerre, comte de Palikao, concernant les hommes susceptibles de s'engager dans la garde nationale et les corps francs. Paris, 17 août 1870.

434. — 11e affiche. Ajournement des élections municipales. Signé : Coffinières. Metz, 19 août 1870.

435. — 12e affiche. Interdiction de la chasse au fusil tant

que durera la situation. Signé : Paul Odent, préfet de Metz 17 septembre 1870.

436. — 13e affiche. Arrêté concernant les denrées alimentaires. Signé : Paul Odent, préfet de la Moselle. Metz, 27 septembre 1870.

437. — 14e affiche. Ordre de tout démolir dans la première et seconde zône de la place et des forts. Signé : Salanson, lieutenant-colonel, commandant du génie.

438. — 15e affiche. Recensement des blés et des farines. Signé : Paul Odent, préfet de la Moselle, 10 octobre 1870.

439. — 16e Arrêté concernant la vente des chevaux mis en réquisition. Signé : Coffinières, 24 octobre 1870.

440. — 17e affiche. Une gravure cartonnée, intitulée : *Surprise,* par Grolleron.

441. — 18e affiche. Appendice à la convention militaire en ce qui concerne la ville et ses habitants. Signé : Jarras-Stiehle, château de Frescaty.

442. — 19e affiche. Avis en français et en allemand sur la déclaration à faire des officiers et soldats blessés logés chez les habitants. Signé : comte Henckel-Dommersmarck.

443. — 20e Avis en français et en allemand défendant de changer de logement sans billet d'autorisation. Signé : le commandant royal des étapes du 7e et 8e corps d'armée allemands.

444. — Panorama de la **Bataille de Rezonville,** de Neuville et Détaille, dessin de Jules Lavée, fait à la plume.
Plan général : cadre de 1m10 de longueur.

445. — Plan détaillé : 3 cadres, ensemble 4m50, avec des notices particulières en haut du dessin, correspondant aux divisions du champs de bataille. — Don de M. Louis Robert, ancien professeur de dessin à Pont-à-Mousson.

446. — **Morts en ligne.** Champ de bataille de Bazeilles, le 1er septembre 1870, à 5 h. du soir. (Tableau de M. Lançon). Image cartonnée. Scène sombre et émouvante.

447. — **Cérémonie de Saint-Ail,** 17 juin 1893. Exhumation de soldats allemands tués en 1870. Image cartonnée et coloriée où l'on remarque le général Jamont, en grande tenue, délégué par le Gouvernement français.

448. — La Séparation. Metz, 29 octobre 1870, d'après le tableau de Protais (Goupil, éditeur). Scène triste et navrante.

449. — Prise de Sarrebrück. Image coloriée et cartonnée, représentant à cheval Napoléon III et le Prince impérial. Notice historique au bas de l'image. Pinot et Sagaire. Imagerie d'Epinal.

450. — Bataille de Wissembourg, 4 août 1870. Image coloriée et cartonnée. Notice historique. Imagerie de P. Didion à Metz.

451. — Episode de la bataille de Saint-Privat. L'intrépide dragon. Image coloriée et cartonnée. Notice historique. Imagerie d'Epinal.

452. — Souvenir de 1re Communion d'Ernest Robert du 1er régiment de chasseurs d'Afrique, tué le 12 août 1870, à Pont-à-Mousson. Beau cadre. Don de Mme Vve Lelarge, sa sœur.

453. — Groupe de blessés dans le chœur de l'église du Petit Séminaire de Pont-à-Mousson, vers le 25 août 1870. Cadre. — Don de M. Vagné, de Pont-à-Mousson.

454. — Les villes décorées de la Légion d'honneur. Composition inédite de M. Piton. Belle gravure coloriée extraite de l'Album militaire de 1901, par Roger de Beauvoir. Noms des villes inscrites avec leurs armoiries : Paris, Bazeilles, Châlons-sur-Saône, Tournus, Saint-Jean-de-Losne, Rambervillers, Roanne, Belfort, Landrecies, Valenciennes, Lille, Dijon, Châteaudun, Saint-Quentin, Beau cadre. — Don de M. Roger de Beauvoir, de Paris.

455. — Chapelle de la Maison des Orphelins, rempart Paixhans (Metz) qui a servi de chapelle d'ambulance en 1870. — Don de Mme la Supérieure de la Maison.

456. — Grand cadre représentant le **Faubourg de Pierre** à Strasbourg et la caserne Finckmatt. — Don de M. le général Lelorrain, commandant la 40e division d'infanterie à Saint-Mihiel (Meuse).

457. — Grand cadre représentant le **Faubourg de Pierre et la Porte de Pierre** à Strasbourg. Don du même général.

458. — Beau cadre représentant un groupe de **35 Membres**

de l'Association des Combattants de Gravelotte et de l'Armée du Rhin. Cadre fort intéressant. — Don de l'Association.

459. — **Les 3 peintres :** de Neuville, Detaille et Mathey, à Rezonville, prenant leurs croquis d'études du champ de bataille.

460. — **Un voltigeur de la garde** du 1er régiment, entouré de trophées militaires en bois sculpté et fort bien travaillé. Grand cadre. — Don de M. Langlois, de Paris.

461. — **Le franc-tireur des Vosges.** Belle gravure encadrée. — Don de Mme Edm. Amos, en souvenir de son frère.

462. — **Six photographies** du siège de Longwy. — Don de M. Pierre, photographe à Longwy.

463. — **11 photographies** représentant en divers groupes les franc-tireurs de Metz. — Don de Mme Prevel, de Metz.

463 *bis.* — **Un Voltigeur de la Garde Impériale** (caporal). Gravure coloriée, encadrée.

464. — **Un Tambour qui bat la charge.** Figure énergique, regards pleins de feu. Belle peinture encadrée.

465. — Monument du **général de Ladmirault,** inauguré à Montmorillon (Vienne), le 27 mai 1901. — Don de M. Langlois.

466. — **Image du Sacré-Cœur,** devant laquelle le général de Ladmirault priait tous les jours, les trois dernières années de sa vie.

467. — **Photographie de l'Orphelinat** fondé à Demu (Gers), par Mme de Lestrade, en mémoire de son fils tué le 16 août 1870.

468. — **N° exceptionnel du « Patriote Mussipontain »,** 2 et 3 août 1873. L'Evacution : comprenant le récit de l'occupation et de la délivrance. Récit encadré.

469. — **Château de Villers-aux-Bois** qui a servi d'ambulance en 1870. Encadré. Don de M. d'Asnières, propriétaire du château.

470. — Grand tableau représentant la scène de bataille du 16 août où le **lieutenant de Levezou de Vesins** a été mortellement blessé. En-dessous du cadre on lit cette inscrip-

tion : « Vous direz à ma mère que son fils est mort en soldat et en chrétien. Marchez à l'ennemi ! » Très beau cadre. — Don de Mme la Marquise de Vesins, sa mère.

471. — Très grand cadre doré offert comme hommage à Mgr Dupont des Loges et rappelant par ses divers détails l'œuvre humanitaire de la Société anglaise des Amis (Quakers) en 1870-71. On y lit ce qui suit : chiffre des villages secourus par cette bienfaisante société, dans le pays messin avant la capitulation, **67** ; après la capitulation, **147**. Distribution de semences, avoine et orge **3.465** sacs ; de pommes de terre, **9.991** sacs, sans compter les vêtements, les couvertures, le lard, le riz et les objets de toute nature distribués partout par cette société des Amis qui a également répandu ses bienfaits dans 14 autres départements.

472. — **Un porteur de dépêches** français, arrêté à Sainte-Marie-aux-Chênes en septembre 1870. Tableau de Neuville. Richement encadré, gravure donnée par M. l'abbé Oudin, vicaire en 1897 à la chapelle Saint-Charles, à Asnières (Seine).

473. — Un grand cadre représentant la place de l'église, le presbytère et l'ancienne tour de l'église de Mars-la-Tour, d'après une aquarelle de M. Charles Lallement, fils du maire de Mars-la-Tour. — Don de M. l'abbé Faller, curé de la paroisse.

474. — **L'Eglise de Mars-la-Tour** avant la première restauration en 1877. Grande photographie.

475. — **Le bas-relief du Maître-Autel** de l'église de Mars-la-Tour. Un aumônier s'approche d'un sergent du 1er de ligne, mortellement blessé, pour lui offrir les secours de la religion. Photographie.

476. — **Réparation du Monument en 1895.** Les échafaudages et les ouvriers. Photographie.

477. — **Vue d'ensemble de l'Eglise** de Mars-la-Tour, lors de sa première transformation terminée en 1877.

478. — A défaut de photographie qu'on ne possédait pas : **Brevet de capacité** de l'enseignement primaire, en souvenir d'Adolphe Houard, instituteur, engagé volontaire pour la guerre, caporal au 77e de ligne, tué le 18 août. — Don de sa

sœur Mme Vve Marchal, directrice d'école maternelle en retraite à Giromagny près Belfort.

479. — **L'Armée de la Loire**. Belle gravure, beau portrait du général Chanzy.

480. — **Monument élevé à Caen**, à la mémoire des enfants du Calvados. Petite photographie.

481. — **Un groupe de sous-officiers sapeurs** du 88° et du 93°. Petite photographie très nette. — Don de M. Diot, greffier de paix à Nancy.

482. — Le monument commémoratif **de Passavant** où les Allemands ont massacré 49 soldats français désarmés qu'ils emmenaient comme prisonniers de guerre, le 25 août 1870.

483. — **Chasseurs d'afrique**. Le général Margueritte à Sedan. Grande image encadrée qui fait ressortir la blessure du général : une balle qui traverse la joue gauche, lui coupe la langue, et sort en traversant l'autre joue. Dessin de M. H. Dupray.

484. — **6 Gravures**. Le matin de la halte. L'alerte. L'attaque. Le convoi de blessés. Le turco Benn-Kaddour. Le matin de la revue. — Don de M. Langlois de Paris.

485. — Intérieur de la **crypte du Monument national** à Mars-la-Tour où l'on voit l'arrangement des crânes et des ossements. — Don de M. et de Mme Ritter, de Mars-la-Tour.

486. — **La charge des cuirassiers à Reichshoffen** par Escribe. Image coloriée et encadrée. — Don de M. l'abbé Drouet, vicaire à Mars-la-Tour, 14 décembre 1900.

487. — A la mémoire **des trois instituteurs de l'Aisne :** Debordeaux, Poulette, Leroy, fusillés par les Allemands en 1870. Grand cadre. — Don de M. le chanoine Faller, curé de Mars-la-Tour.

488. — **L'Alsace-Lorraine**. représentée par deux jeunes filles avec leur costume du pays. Figures d'une expression remarquable. Grand cadre. En souvenir d'une vieille messine Mme Vve Toussaint, décédée à Nancy le 5 juin 1904, tableau légué par elle au musée.

489. — **Incendie de la cathédrale de Metz**, le 7 juin

1877, jour de la visite en cette ville de l'empereur d'Allemagne Guillaume 1er. Photographie encadrée.

490. — Strasbourg 1870. **Réception des délégués suisses** à la Porte nationale, venus pour placer les vieillards, les femmes et les enfants sous la protection de la Croix de Genève. Beau cadre. — Don de M. Speckl de Metz.

491. — Une image encadrée, représentant **Strasbourg** sous la figure d'une femme en deuil et avec une épée à moitié brisée.

492. — **L'Affiche de la Capitulation de Metz,** 28 octobre 1870, toute encadrée d'une bordure de deuil. En voici le texte :

VILLE DE METZ

Le Maire et les membres du Conseil municipal à leurs concitoyens.

Chers Concitoyens,

Le véritable courage consiste à supporter un malheur sans les agitations qui ne peuvent que l'aggraver. Celui dont nous sommes tous frappés aujourd'hui, nous atteint sans qu'aucun de nous puisse se reprocher d'avoir, un seul jour, failli à son devoir.

Ne donnons pas le désolant spectacle de troubles intérieurs et ne fournissons aucun prétexte à des violences ou à des malheurs nouveaux et plus complets encore.

La pensée que cette épreuve ne sera que passagère et que nous, Messins, nous n'avons assumé dans les faits accomplis aucune part de responsabilité devant le pays et devant l'histoire, doit être, en ce moment notre consolation.

Nous confions la sécurité commune à la sagesse de la population. F. Maréchal, maire, Boulanger, Bastien, Noblot, Géhin, de Bouteiller, Blondin, Bezanson, Gougeon, Bultingaire, Moisson, Simon, Favier, Marly, Sturel, Geisler, Prost, Worms, Collignon, Rémond, Puyperoux, Général Didion, Salmon, Bouchotte, Schneider. — Don d'un Messin.

493. — **L'Alsace et la Lorraine** se séparant de la France, 1871. Photographie encadrée, fort touchante.

494. — **Ambulance de Metz. Esplanade.** Les dames de Metz

visitent et soignent les blessés. Scènes émouvantes. Photographie Gros fr., d'après un dessin de P. Martineau. Beau cadre. — Don de Mlle Louise Pecqueux demeurant à Nancy.

495. — **Les adieux de l'Alsace et de la Lorraine** à la France. Petit cadre rectangulaire.

496. — **Rezonville** à 8 h. 1/2 du soir. Gravure d'après le dessin de J. Roufl'et. Inscription au bas de l'image : quelques décharges à bout portant abattent hommes et chevaux qui viennent tomber jusque dans nos rangs. Beau cadre. — Don de M. l'abbé Rivière, curé aux Sables-d'Olonne (Vendée).

497. — Une autre cadre offert par le même. **Mort du lieutenant Sageran** du 93° 18 août 1870. Il tomba blessé mortellement, la poitrine trouée de six balles.

498. — **Mars-la-Tour 1903**. Cérémonie du 16 août. Le commandant Jouatte, sur l'estrade du monument national haranguant la foule. Photographie.

499. — Gravure représentant **3** colonels du 93e de ligne.

500. — **Wissembourg** le 4 août 1870. Reproduction du tableau de Huisken. Belle gravure coloriée et encadrée. — Don de M. Chéron de Paris.

501. — **Beauquesne.** Salon de 1897. **Les dragons royaux à Mars-la-Tour.** Grand cadre. — Don de M. Robinet de Cléry, avocat à la cour d'appel de Paris.

502. — Tableau de Beauquesne. **La reprise de Flavigny** 16 août. On remarque dans l'action le jeune sous-lieutenant du 3° bataillon de chasseurs à pied : Charles-Victor Robinet de Cléry qui fut tué en cette rencontre. Grand cadre. — Don du même.

503. — **Le 94e Régiment d'Infanterie à Sainte-Marie-aux-Chênes** 18 août 1870. On distingue au milieu du combat le colonel de Geslin qui dirige ses soldats. Beau cadre. — Don de M. Mandar, photographe à Bar-le-Duc.

504. — **Adieux des soldats français à leurs officiers**, après la capitulation de Metz 29 octobre 1870. Tableau appartenant à M. Clément Désormes à Lyon. Scène touchante. — Don de Mme Vve Devilly. Beau cadre.

505. — A la mémoire des soldats français prisonniers à Magdebourg, 1870-71. Belle gravure représentant le **Monument érigé dans le cimetière de Magdebourg.** Fort beau cadre. — Don de M. le comte de Boudard, ancien officier de cavalerie, demeurant à Saint-Mihiel (Meuse).

506. — Grand tableau représentant le monument commémoratif, érigé par la ville de Metz **au cimetière de Chambière** à la mémoire des soldats français morts dans ses murs pour la défense de la Patrie. Sous ce monument reposent 3.200 victimes. Autour de la gravure, on lit le récit de la cérémonie de la bénédiction du monument, le 7 septembre 1870 ; le discours de M. Paul Bezanson, maire de Metz ; la réponse de Mgr Dupont des Loges et la description de ce monument qui a 12ᵐ de hauteur. Le dessin de ce monument est l'œuvre de M. Demogel, architecte-ingénieur de la Ville, qui a construit les ambulances de Metz avec un talent et une activité remarquable. Il a ainsi dignement couronné la tâche que lui ont imposée nos malheurs. — Don de M. Prillot, photographe à Metz, en mémoire de son père.

507. — Statue du **général Margueritte** à Fresnes-en-Woëvre. Grande photographie. — Don du capitaine Rogier, à Fresnes.

508. — **Anniversaire du 16 août 1903.** Vue du commencement du cortège. On y distingue M. le chanoine Faller dirigeant les enfants de chœur. Belle photographie avec la dédicace suivante : Au fondateur du Musée de Mars-la-Tour. Hommage respectueux à M. l'abbé Faller, Florent Mattet, secrétaire de la Ligue des Patriotes à Paris, et quatre patriotes messins qui ont signé avec lui.

509. — **Humanité.** Tableau de P. Grolleron, colorié et encadré. Un cavalier français offre sa gourde à un allemand blessé mortellement et appuyé contre un talus.

510. — **Convoi de Blessés** (à Jauville 1870). Tableau de P. Grolleron. Beau cadre. Une chère sœur protège les blessés français contre les allemands qui veulent arrêter la voiture.

511. — **La dernière Revue**, d'après Amling. La Mort à cheval, costumée en général et entourée de spectres, fait

passer devant elle tous ceux qui doivent mourir au combat. Tableau allégorique, fort curieux et saisissant.

512. — Le Prince royal **Frédéric Guillaume** devant le corps du général Abel Douay, tué le 4 août à Wissembourg. Reproduction du tableau de Antoine de Werner. — Don de M. Chéron, à Paris.

513. — **L'Alsace et la Lorraine enchaînées,** gravure fort rare. Les extrémités de la chaîne sont terminées par un anneau encadrant l'un le portrait de Guillaume, l'autre celui de Bismarck. Il y a d'autres allégories. Tableau curieux. — Don de M. Mougenot, de Pompey.

514. — **Une messe au kiosque de l'Esplanade** de Metz, au milieu des blessés, 1870. Gravure encadrée.

515. — **Un groupe de blessés** faisant partie de l'ambulance du presbytère de Saint-Simon à Metz, 1870. Au milieu du groupe, on distingue M. l'abbé Humbert, curé de la paroisse. De chaque côté de la gravure et au bas sont écrits les noms d'un certain nombre de blessés. Don de **M.** l'abbé Humbert à M. Adam, qui, à son tour, en a fait don au Musée.

516. — **Episode de la bataille de Borny,** 14 août 1870. Dessiné à Colombey, par M. Devilly, de Metz. Belle gravure encadrée représentant le lieutenant **de Mengin de Fondragon** du 41e de ligne, frappé d'une balle à Colombey, près de la mare : il soutient le combat pendant cinq heures avec sa compagnie séparée de l'armée et refuse de se laisser emporter par ses hommes. — Don de la famille.

517. — Episode de la guerre 1870-71, 22 janvier 1871. **Le Pont de Fontenoy-sur-Moselle** après l'explosion. Le village de Fontenoy incendié par les allemands. Gravure encadrée au bas de laquelle se trouve le récit de cette opération de guerre, d'après le *Petit Journal.*

518. — Episode du combat de Choisy-le-Roy.

519. — Grand cadre représentant **le général Lapasset brûlant les drapeaux de sa brigade** à Metz, au mois d'octobre 1870. Dessin de Beaumetz et Trichon. « La brigade mixte ne rend pas ses drapeaux, et ne s'en rapporte à personne du soin de les brûler ». — Don de la veuve du général.

520. — **La Défense de Rambervillers** (Vosges) en 1870. — Don de l'auteur du tableau : Jules-Benoît Lévy.

521. — La dernière réunion de la **Musique des Sapeurs-Pompiers** de Metz en 1871. Cadre à large bordure noire sculptée. — Don de M. Zeller, de Metz.

522. — **Ambulances du Sacré-Cœur de Metz**, 1870-71. Photographie Prillot. Le groupe est composé de 59 personnes dont les noms sont inscrits au bas du tableau. Très intéressant. — Don de Mlle Aubertin, de Metz.

523. — **Groupe de blessés** qui ont pris part aux batailles de **Wissembourg et Sedan**. Honneur aux braves ! — Don de Mme Vve Brachfogel de Sierck.

524. — **Le soir d'une bataille.** Grande gravure, coloriée et encadrée. Tableau de Beauquesne.

525. — Salon de 1902. **Le Drapeau de Mars-la-Tour.** 16 août 1870. Le sous-lieutenant Chabal, du 57e, s'empare du drapeau du 16e régiment d'infanterie prussienne. Reproduction photographique par Gerschel, de Paris, du tableau de Bloch. Hommage respectueux et reconnaissant à M. l'abbé Faller, curé de Mars-la-Tour. Chambéry, le 12 novembre 1904 : Le commandant, Chabal.

Note historique : A gauche : « Quant au drapeau conquis, il resta longtemps exposé sur l'esplanade de Metz, réconfortant les pauvres blessés qui gisaient là sur leur lit d'ambulance et donnant aux vieux soldats de Crimée et d'Italie, comme une vision de leur ancienne gloire. Celui-ci au moins avait été pris sur le champ de bataille, les armes à la main et non pas traîtreusement arraché à des gens désarmés, victimes des plus odieux subterfuges (Colonel Rousset) ». A droite du cadre : « Pendant la guerre, le 16 août 1870, le drapeau du 16e régiment d'infanterie prussienne fut pris par le sous-lieutenant Chabal du 57e de ligne, et déposé aux Invalides le 2 mai 1872. En commémoration de cette prise, le drapeau du 57e, par décret du 13 juillet 1880, porte les insignes de la Légion d'honneur ». (Extrait du livre d'honneur des communes de la Savoie, par Albert Metzger, page 250).

526. — **Le peintre Bloch, faisant son tableau de la prise du drapeau du 16e Régiment d'Infanterie prus-**

sienne. Hommage respectueux à l'excellent patriote abbé Faller, curé de Mars-la-Tour. Chambéry 12 novembre 1904. Le commandant Chabal. A gauche de la reproduction on voit le peintre Bloch travaillant, à droite le commandant Chabal qui le regarde travailler. Deux beaux cadres fort intéressants. — Don du commandant Chabal.

527. — **Une vedette allemande**, Chromolithographie. Reproduction du tableau de Neuville. — Don de M. Chéron de Paris.

528. — **Une vedette française**, chromolithographie. Reproduction du tableau d'Edouard Detaille. — Don du même.

529. — **La sortie de la garnison de Belfort** avec armes et bagages. Gravure encadrée.

530. — **Les parlementaires allemands** devant Belfort, conférant avec le chef de la place. Reproduction du tableau de Neuville.

531. — **La France signant** malgré elle la cession de l'Alsace et la Lorraine en présence de Guillaume, Bismarck et de Moltke. Tableau navrant et émouvant. — Don de M. Emile Moraczevski, pharmacien à Mars-la-Tour.

532. — Un grand cadre intitulé : **Aux martyrs de la France**, relatant les principaux faits de la guerre et les noms des généraux français tués où morts de leurs blessures. Avec cette dédicace : A M. l'abbé Faller, sympathie et témoignage de respectueux souvenir. Deudon de Paris auteur du tableau.

533. — Grand tableau synoptique ou **Almanach chronologique de la Lorraine**. Il est question de Mars-la-Tour. Dédié à M. de la Salle de Villeauval. Cadre très curieux envoyé par un anonyme.

534. — Le monument funèbre **du commandant Guichard** du 66ᵉ de ligne, au cimetière de Gorze. Cadre donné par le lieutenant Lefaivre au 161ᵉ de ligne à Verdun dont le père, capitaine au 66ᵉ a été tué en 1870.

535. Les armes de **l'Association des Combattants de Gravelotte** et de l'Armée du Rhin, unies à celles de l'Alsace-Lorraine. Belle peinture offerte au musée militaire par l'au-

teur du tableau : V. Guérin, membre actif de l'Association, 16 août 1902.

536. — Le groupe des **officiers du 2e Régiment de chasseurs à cheval**. Beau tableau avec cette inscription du général Ambert : souvenir d'affectueuse reconnaissance, le 2e Régiment de chasseurs à cheval. — Don de M. Guevel, pharmacien à Houdan près Paris.

537. — **Bataille de Champigny**, 30 novembre et 2 décembre 1870. Combat de la plâtrière. Mort du capitaine adjudant-major Forest de la Faye. Tableau de Neuville.

538. — **Rezonville** 16 août 1870. Le 7e cuirassiers français et un escadron du 10e dégagent notre artillerie et culbutent la cavalerie ennemie : le 7e cuirassiers de Magdebourg et le 16e Uhlans (brigade von Bredow). Beau cadre. Scène fort animée — Don de M. Bolcher, capitaine au 7e cuirassiers à Lyon. Tableau de Morot.

539. — **L'Incendie de la cathédrale de Metz** en 1877, jour de la visite de l'empereur Guillaume. Grande photographie, vue d'un cordon de troupes tenant tout le monde à distance du sinistre. Toute la place d'armes éclairée par les flammes. Photographie devenue très rare. Cadre donné par M. Quentin de Metz.

540. — Une grande et superbe **photographie des Génivaux** à Gravelotte, remarquable par sa netteté et faisant honneur au photographe donateur : M. Prillot de Metz.

541. — **Le monument funèbre des Français à Chambière**. Grand cadre. — Don du même.

542. — Vue photographique **du four à chaux** (bataille de Champigny) où les Allemands cernés lèvent la crosse en l'air.

543. — **La défense du Drapeau**. Beau groupe. Cadre donné par Mme Vve Berthelemy et ses enfants à Mars-la-Tour.

544. — **La défense du canon**. — Don de la même famille.

545. — **Hussards prussiens** surpris dans une embuscade de chasseurs à pied. Belle chromolithographie, reproduction du tableau de Neuville. — Don de M. Chéron de Paris.

546. — **Le Drapeau.** Reproduction du tableau de Bloch.

547. — Un beau cadre : **Vive la France !** Une jeune lorraine à la frontière offre à des officiers français un bouquet de fleurs tricolores. Le commandant qui reçoit le bouquet est le commandant Didiot, né à Munster (Alsace) près Colmar, chef du 10ᵉ Bataillon de chasseurs à pied à Saint-Dié et maintenant général de brigade à Mirecourt (Vosges). — Don de M. l'abbé Faller, curé de Mars-la-Tour.

548. — **Une jeune alsacienne.** Beau cadre.

549. — **La mise en batterie.** Belle chromolithographie. — Don de M. Chéron de Paris.

550. — **Les derniers officiers du corps des Sapeurs-Pompiers.** Blocus de Metz. Groupe des officiers :
Guérard, lieutenant. **Dieudonné**, lieutenant. **Demoget**, capitaine, architecte de la ville. **Le docteur Defer**, médecin des Pompiers. **Muscat**, capitaine **Louis Lallemand**, lieutenant père de la donatrice des deux cadres. **Heckenroth**, lieutenant. — Don de Mme Noirel de Nancy. Beau cadre.

551. — **Les derniers sous-officiers du corps des Sapeurs-Pompiers.** Blocus de Metz. Beau cadre. Groupe de 14 sous-officiers. — Don de Mme Noirel de Nancy.

552. — Beau cadre en chêne représentant le portrait **du général Veye dit Chareton**, comme lieutenant du Génie, cité à l'ordre de l'armée au siège de Constantine, comme chef de bataillon, blessé 5 fois devant Sébastopol, comme colonel en 1870, commandant le génie du 5ᵉ corps, prit part à la contre-attaque de Balan et sauva les dernières batteries engagées à Sedan, député à l'Assemblée nationale, puis sénateur inamovible, rapporteur des lois militaires et réorganisateur de l'Armée, comme général de division, président du Comité des fortifications, décédé. — Don de son fils, le capitaine Chareton au 34ᵉ Régiment d'Infanterie.

553. — **Le retour de l'Alsace et de la Lorraine à la France**, photographie curieuse, reproduction d'un vitrail fait par M. Champigneulle, peintre-verrier à Paris, avec cette épigraphe : « A M. l'abbé Faller, curé de Mars-la-Tour, hommage respectueux d'un vieux combattant de 1870, aux francs-tireurs de Metz. Ch. Champigneulle. »

554. — Un grand cadre représentant : **l'Enfant de France**, Napoléon Eugène, Louis, Jean, Joseph, Prince impérial né le 16 mars 1856. Son Altesse le Prince impérial tenant à la main le rameau d'olivier, symbole de la paix, est porté sur un bouclier par 4 personnages figurant l'Industrie, l'Armée, la Bourgeoisie, et l'Agriculture. Le tout entouré d'autres symboles fort intéressants. — Don de M. Erpeldinger de Metz.

555. — Grand cadre renfermant **le diplôme de chevalier de la Légion d'honneur** de Gévray 7ᵉ Batterie capitaine au 3ᵉ Régiment du Génie. — Don de sa veuve.

556. — Cadre représentant **l'entrée de Napoléon. Iᵉʳ à Berlin** le 27 octobre 1806. Reproduction authentique d'une lithographie du temps avec les noms de ses auteurs et vendeurs. Réponse aux anniversaires célébrés en Allemagne en 1895-96.

557. — **Résistance héroïque de Belfort** 1870-71. Imagerie de P. Didion de Metz. Notice historique au bas de l'image.

558. — **Bataille de Bapaume** 9 janvier 1871, notice historique. Imagerie de Pellerin et Cⁱᵉ à Epinal.

559. — **Bataille de Villersexel**, 9 janvier 1871, notice historique. Imagerie de Pellerin et Cⁱᵉ à Epinal.

560. — Insurrection de Paris. **Incendie du palais des Tuileries** et notice historique. Imagerie d'Epinal.

561. — **Incendie de la cathédrale de Metz**, 7 mai 1877 à 4 heures du matin. Litographie H. Etienne, Metz.

562. — Photographie représentant **Les désastres de la Guerre 1870-71** avec ces mots : « Enfants de la France, souvenez-vous ! ». — Don de M. Erpeldinger de Metz.

563. — Gravure représentant **Colombey** près de Metz. — Don de M. Bellevoye graveur messin.

564. — **Bataille de Sedan**, 31 août 1870, notice historique. Imagerie de P. Didion à Metz.

565. — Photographie représentant l'arrivée du cortège officiel à l'église de Mars-la-Tour, le 16 août 1905. — Don de M. Jacquin de Saint-Michel.

566. — Strasbourg. **Marché aux fruits.** Place Saint-Thomas, avant la guerre. Grande gravure curieuse dans ses détails.

567. — Un grand et curieux tableau : **le Parlementaire** par Edouard Detaille qui l'a offert à l'Œuvre de Mars-la-Tour pour le musée. Se trouve à la mairie de la Commune.

568. — Un grand tableau représentant **un curé qui monte la garde**, armé de son fusil et qui dit son bréviaire pendant qu'il est de faction. — Don de Mme Vve Bellée, née Videgrain demeurant à Chambley (M.-et-M.).

569. — Tableau représentant **un général français blessé** mortellement et qui remet sa croix à un de ses soldats. Belle peinture.

570. — Un grand cadre renfermant sur double face **le journal du 4 octobre 1870 du Courrier de la Moselle.** — Don de M. Duquesne, percepteur des contributions directes, ancien officier, combattant de l'Armée de Metz, membre actif de l'Œuvre de Mars-la-Tour.

571. — Un autre grand cadre contenant **le n° du 28 octobre** 1870, de l'*Indépendant de la Moselle*. — Don du même.

572. — Deux petites gravures sur **cartes-postales** représentant l'attaque de Vionville par les Allemands, reproduction du tableau de G. Koch. — Don de M. Lehmann de Jüterbog, ancien combattant allemand du 16 août.

573. — Une grande photographie encadrée représentant **le groupe des sous-officiers du dépôt du 46e**, offert au commandant Vuillaume par le soussigné Grandjean, sergent-major. — Don de Mlle Dennilauler, institutrice à Pont-à-Mousson.

574. — Un tableau curieux au crayon, représentant avant 1870, des officiers et soldats avec des enfants devant la fabrique de pains d'épices de Lefèvre-Denise. — Don de M. Lefèvre-Denise.

575. — Photographie du **Monument français** élevé à Wœrth. — Don de M. Astouin, demeurant à Marseille.

576. — Une aquarelle, **dernière défense de Saint-Privat, combat devant les ruines de l'église le 18 août 1870,** faite par M. Roy, domicilié à Dijon, ancien caporal du génie

au 3ᵉ régiment de l'Armée du Rhin, décoré de la médaille militaire à la prise du château de Ladonchamps. Au verso se trouve une notice dans laquelle on lit à la fin « les gardes royaux du vieux roi Guillaume ont été admirables. La reine de Prusse a honoré leur mémoire par un monument funéraire élevé sur le lieu du combat ». « On n'oublie jamais de semblables journées et un sentiment d'estime réciproque crée de puissants liens de sympathie entre des hommes qui de chaque côté se sont vus à l'œuvre et ont su s'apprécier. » Souvenir de M. Roy, Dijon 1904.

577. — Plusieurs cartes postales **des champs de bataille de l'Alsace-Lorraine.** — Don de M. Astouin, 3, Quai du Canal à Marseille.

578. — Un beau cadre, double image, représentant **l'église de Franconville,** décorée pour l'anniversaire du 16 août. — Don de M. Baligny, président de l'Œuvre de Mars-la-Tour, section de Franconville.

579. — Un joli tableau rectangulaire représentant **les Grenadiers de la Garde le matin de Rezonville,** 16 août 1870 par Pierre-Petit Gérard. Scène d'ensemble très intéressante. — Don de M. Langlois, président fondateur de l'Œuvre de Mars-la-Tour à Paris.

580. — Un cadre moyen renfermant la photographie **du Pont de Fontenoy-sur-Moselle** en février 1871. La première pile du pont détruite par les Francs-Tireurs a été comblée avec de la terre, des pierres et divers matériaux. La compagnie allemande préposée à la garde du pont se trouve sur la berge de la Moselle (rive droite). — Don de M. Albert Denis, maire de Toul, envoyée le 6 juin 1906.

581. — Un grand cadre contenant **l'affiche en langue française** sur l'incendie de Fontenoy-sur-Moselle. Le libellé de l'affiche a été fait par le commandant d'étapes von Schmadel. En voici le texte avec l'ortographe :

AVIS

La plus revêche surveillance à la sureté du chemin de fer et d'étape. Le pont du chemin de fer, tout près de Fontenoy, aux environs de Toul, aujourd'hui la nuit fait sauter. Pour le punition la village de Fontenoy fut brûlée de fond en comble. Le même sort tombera au lieux dans lesquels quelque chose arrive de semblable.

Toul, le 22 janvier 1871.

Le commandant d'étapes,
von Schmadel.

ORDRE DE LA PLACE

Les villages situés dans un rayon distant de 10 kilomètres de la ville de Toul sont sommés de ne plus sonner leurs cloches jusqu'à nouvel ordre.

Toul, le 22 janvier 1871.

Le commandant de place,
Schnehen.

Don de M Albert Denis, maire de Toul, envoyé le 6 juin 1906.

582. — Un cadre moyen renfermant **la photographie de Fontenoy-sur-Moselle,** après sa destruction. Les soldats allemands incendiaires sont groupés à l'entrée du village, 25 janvier 1871. — Don de M. Albert Denis, maire de Toul, envoyé le 6 juin 1906.

583. — Un grand et fort beau cadre, contenant **6 intéressantes et curieuses photographies** très nettes et très artistiques de la cérémonie du 16 août 1905. — Don de l'auteur : M. Biot-Luc, photographe à Villerupt (M.-et-M.).

4 grandes et fort belles photographies représentant :

584. — 1° **Le général Decaen,** commandant du 3e corps d'armée, mortellement blessé à Borny, le 14 août 1870 et mort à Metz au commencement de septembre. On le voit emporté par ses soldats.

585. — 2° **L'Interrogatoire,** d'après Gaston Claris.

586. — 3° **Un exemple,** d'après J. Daubeil.

587. — 4° **Les derniers sacrements** administrés à un officier mourant. — Dons de M. Girard, sous-lieutenant retraité décoré de la médaille militaire, demeurant à Laxou (M.-et M.)

588. — Grande photographie représentant **les anciens soldats français de Vallières-Vantoux.** Il y en a 12. — Don de M. Jean, de Vallières.

589. — **Monument des soldats français à Vallières.**
Belle et grande photographie. — Don du même.

590. — Belle photographie représentant **la charge du régiment des cuirassiers de la Garde, le 16 août, à Rezonville.** Tableau de Rouffet. — Don du capitaine Richard aux chasseurs à pied à Saint-Mihiel, en 1906.

591. — **L'Aigle du 3e grenadiers de la Garde ; à la Maison Blanche,** 16 août à Rezonville. Dessin à la plume de Ch. Morel. — Don du capitaine Richard.

592. — Une photographie représentant **un groupe de 15 soldats français blessés** à Frœschwiller. — Don de M. Riehl, demeurant à Metz.

593. — Photographie, dimensions carte postale **des fermes Chantrenne, Mogador et Saint-Hubert,** attaquées le 18 août 1870. — Don de **M.** Pierre, photographe à Longwy.

594. — 2 grandes photographies représentant **le Mausolée des Français morts prisonniers de guerre à Mayence,** en 1870-71. — Don de **M.** de Toussaint-Lanio, de Paris.

595. — Une belle gravure intitulée « **Pour l'Humanité, pour la Patrie !** » Elle représente J.-C. en croix ; au pied se trouve étendu sans vie un cuirassier tué et enveloppé dans un drapeau tricolore. Gravure de Weerts. — Don de M. Romand, receveur de l'Enregistrement, à Chambley.

596. — Un cadre représentant 3 gravures à l'eau forte : **Jeanne la Pucelle** qui entend ses voix. Jeanne la Pucelle marchant contre les anglais. Jeanne la Pucelle sur son bûcher. — Don de Pierre Fulchic, publiciste, correspondant international. Don fait le 4 septembre 1907.

597. — Un grand cadre représentant la « **Défense héroïque de Chateaudun** », le 18 octobre 1870. — Don de **M.** Adolphe Giry, ancien sergent au bataillon de francs-tireurs de Paris.

598. — **7 images d'Épinal** relatives aux champs de bataille de 1870, et particulièrement à ceux d'Alsace-Lorraine. — Don de **M.** Girard, sous-officier retraité, décoré de la médaille militaire, demeurant à Laxou, près Nancy.

599. — **14 images d'Épinal** concernant les champs de

bataille de la Lorraine, 1870. — Don de M. Rameau, de Saint-Mihiel.

600. — Une carte postale illustrée représentant **l'armée allemande faisant une prière d'actions de grâce** sur le champ de bataille de Saint-Privat.

Le Bombardement de Strasbourg en 20 tableaux encadrés. — Don de M. Emile Metté, médaillé du gouvernement, employé au théâtre de Nancy.

601. — 1º Le Temple Neuf.

602. — 2º Quai Schœpflin.

603. — 3º Rue militaire des Payens.

604. — 4º Faubourg de Pierre.

605. — 5º Le Quai Lesay-Marnésia ; la Préfecture et le Théâtre.

606. — 6º Quartier Finckmatt.

607. — 7º Les abris sur le chemin de halage du canal des Faux-Remparts.

608. — 8º L'Eglise de la Citadelle.

609. — 9º Porte de Saverne.

610. — 10º Rue militaire du Bastion, près du faubourg de Pierre.

611. — 11º L'incendie de la Cathédrale.

612. — 12º La Bibliothèque.

613. — 13º Porte de Pierre et brèche.

614. — 14º Avenue de la Citadelle.

615. — 15º La maison Scheidecker.

616. — 16º Les Départs (porte d'Austerlitz).

617. — 17º Le Bon Pasteur.

618. — 18º Faubourg National, 1er incendie.

619. — 19º Rue derrière le Temple Neuf.

620. — 20º Marais Kageneck.

621. — Grande gravure : vue du **Camp des prisonniers de guerre français à Pétersberg**, près Coblentz. Commandant du camp : major de Linston. Au coin de la gravure, à

gauche, est représenté le tombeau du général Marceau, avec cette inscription : il mourut atteint d'une balle, entre les bras de quelques français et de généraux autrichiens. Regretté de ses ennemis comme de ses amis, à l'âge de 26 ans. — Don de M. Joseph Drouet, de Fillières, garde mobile de la Moselle, prisonnier au camp de Pétersberg.

622. — Un grand tableau indiquant **les Officiers blessés le 16 août.**

623. — Un grand tableau indiquant **les Officiers blessés le 18 août.** — Dons de M. Paul Gigout, de Dijon.

624. — Petite **image chrétienne et patriotique** distribuée en France en 1870, pour recommander aux fidèles de prier pour les soldats français. — Don de Mlle Catherine Thierry, de Mars-la-Tour.

625. — **Diverses grandes gravures** renfermées dans un grand carton.

626. — Une **proclamation** en français du général von Wrangel, à Châteauneuf-sur-Loire, le 29 décembre 1870, pour prévenir les habitants des mesures rigoureuses qui seront prises contre eux si l'un deux tire sur des soldats allemands. — Don de M. Eugène Thouroude, ancien combattant de 1870.

Reçu en juin 1906, par testament de Mme Vve Tropel, décédée à Metz, en souvenir de Léon Tropel, son fils, décédé capitaine au 11e hussards :

627. — 1° Un grand tableau au fusain représentant **un médecin-major** soignant un officier blessé, avec cette parole au bas : Il est sauvé ! — Tableau fait par Léon Tropel.

628. — 2° Un autre grand tableau au fusain représentant **un lieutenant de chasseurs à cheval de la Garde** sur le champ de bataille, fait par le même. — Don de Mme Vve Tropel, sa mère.

629. — Un grand carton contenant beaucoup de **gravures de la guerre.**

630. — **26 couvertures de cahiers** d'école primaire représentant des épisodes de la guerre de 1870. — Don de plusieurs écoliers de Mars-la-Tour et d'ailleurs.

631. — Vues des champs de bataille de **Wissembourg** et de **Frœschwiller,** 4 et 6 août 1870, par H. Famelard, capitaine d'artillerie, avec lettre-préface de M. le général Bonnal. Grand et magnifique album de 36 planches artistiques, avec cette dédicace de l'auteur : « Hommage respectueux à M. l'abbé Faller pour associer dans un même souvenir les combattants des 4, 6, 16 et 18 août 1870. H. Famelard.

632. — Une série variée de **cartes postales illustrées** concernant l'inauguration du monument français de Noisseville. — Don de M. Speckt, demeurant à Metz.

633. — Grande photographie représentant le **monument** du 94ᵉ régiment d'infanterie (Grand duc de Saxe) à Weimar.— Don du docteur Rinckoldt, demeurant à Weimar.

634. — Grande photographie représentant l'**Hôpital de la guerre en 1870-71,** à Weimar. — Don du même.

2. Cartes géographiques

635. — La guerre de 1870. **Grande carte d'ensemble** pour suivre les opérations. Extraite du grand ouvrage du colonel Rousset.

636. — Une carte représentant **les trois batailles de Borny, Gravelotte, Saint-Privat** (devenue rare). — Don de la famille Munier.

637. — **Carte d'état-major allemand,** oubliée par un officier allemand de passage à Fresnes-en-Woëvre.

638. — **Cartes stratégiques des trois batailles :** Borny, Gravelotte, Saint-Pravat

639. — **Plan de la bataille de Sedan** au commencement de la journée.

640. — **Plan de la bataille de Sedan** à la fin de la journée. — Don de M. Henri Lateix, rentier à Briey (M.-et-M.)

641. — **Une carte allemande avec un plan de Paris,** trouvée sur un soldat allemand.

642. — **Une grande carte militaire des monuments** allemands et français aux environs de Metz. — Don de M. le colonel Allaire à Paris.

643. — **Une carte des environs de Metz.** Plan des batailles de Borny, Gravelotte, St-Privat. — Don de M. l'abbé Munier, curé de Tronville.

644. — **Une vieille carte de l'Allemagne** de 1786.

645. — **Carte et plan de la bataille de Gravelotte.**

646. — — — **de Saint-Privat.**

647. — **Carte du général du Barail** dont il s'est servi le 16 août 1878.

648. — **Carte trouvée sur un officier allemand**, représentant l'arrondissement de Commercy. — Don de M. Charles Crosse, demeurant à Mars-la Tour.

649. — **Grande carte d'état major.** — Don de M. Pauly, sous-lieutenant au 25e de ligne, blessé le 14 août, à Borny.

650. — **Carte des environs de Paris.**

651. — — — **de Metz.**

652. — **Petite carte des officiers français** à leur entrée en campagne en 1870. — Don de M. A. Couturier, colonel au 137e, à Fontenay-le-Comte, actuellement commandant la 42e division de Verdun.

653. — Carte des départements de la **Savoie** et de la **Haute-Garonne.** — Don de Mme la marquise de Buyer. Cette carte ayant appartenu à son fils Raymond, sous-lieutenant en 1870.

QUATRIÈME SECTION

1. Correspondance. Pièces administratives

654. — Un grand registre contenant les **lettres des souscripteurs** pour la **1ʳᵉ restauration de l'église** de Mars-la-Tour en 1877. 249 lettres.

655. — Un grand registre contenant les lettres des souscripteurs pour la **2ᵉ restauration de l'église** de Mars-la-Tour en 1896 337 lettres.

656. — Un 1ᵉʳ grand registre contenant les lettres des souscripteurs pour la **Construction du Musée.** 277 lettres.

657. — Un 2ᵉ grand registre contenant les lettres des souscripteurs du **Musée.** 248 lettres.

658. — Un 3ᵉ grand registre contenant les lettres des souscripteurs, bienfaiteurs et donateurs de souvenirs pour le Musée, contenant en outre des listes d'officiers et soldats tués appartenant à divers régiments. 200 lettres.

659. — Un autre registre contenant des lettres de souscriptions de 121 communes pour la construction du Musée.

660. — **Lettre d'une Messine** au Prince royal de Prusse. — Don de Mˡˡᵉ Bour, de Moulins-les-Metz.

661. — **Lettre d'une Messine à Napoléon III.** — Don de la même.

662. — **Deux belles lettres** du colonel du génie Charcton, à Sedan, en 1870. — Don de son fils, capitaine au 34ᵉ de ligne.

663. — États de service de **Nicolas-Ferdinand Dominique,** chef de bataillon au siège de Longwy, né à Beuvillers (Moselle). — Don de Mˡˡᵉ Martin, sa belle-sœur.

664. — Divers papiers de **correspondance militaire.** — Don de M. Diot, greffier de paix à Nancy.

665. — **Permis allemand** délivré à M. l'abbé Charelte, curé de Saint-Marcel, pour aller visiter les blessés au château

de Villers-aux-Bois, transformé en ambulance. — Don de M. l'abbé Chopin, curé de Dampvitoux, neveu dudit curé.

666. — Belle lettre relatant le **dévouement de Charles Royer**, mobile de la Meuse, tué au siège de Verdun. Lecture de cette lettre recommandée aux soldats, pour imitation d'un si fraternel dévouement.

667. — **Diplômes des décorations** du capitaine Tropel, du 11e hussards. — Don de sa mère, demeurant à Metz.

668. — Etats de service du médecin-major **Beurdy**. — Don de sa veuve.

669. — Etats de service du capitaine **François Mauson,** du 11e de ligne. — Don de son neveu M. Rossignol, de Metz.

670. — Etats de service du sergent Dufort. — Don de M. Tropel.

671. — **Carte de famille** pour rations de viande pendant le blocus de Paris. — Don de M. Thouroude, ancien combattant de 1870, docteur en droit et commissaire-priseur à Paris.

672. — **Une autre grande carte de famille** pour trois rations de viande, pendant le siège de Paris. — Don du même.

673. — Un certain nombre de **lettres en allemand**, adressées à M. le curé Faller, de Mars-la-Tour, par Lehmann, sergent de ville à Jüterberg, ancien combattant allemand de 1870. Lettres sur le 16 août.

674. — Lettre du capitaine **Lechaudel**, du 1er de ligne, tué le 18 août. Elle est adressée à son curé.

675. — **Deux laissez-passer** accordés en 1870 à M. Pajot, demeurant à Longwy. — Don de sa veuve.

676. — **Lettre de Mgr le duc d Orléans** à un personnage politique, sur la guerre de 1870.

677. — **Lettres** adressées les 25 février et 25 juin 1871, à **M. Bédard,** cavalier au 3e régiment de chasseurs, prisonnier de guerre à Stettin (Poméranie). M. Bédard est actuellement vice-président des Combattants de Gravelotte, à Paris.

678. — **Lettres** adressées le 23 novembre, le 20 décembre 1870 et le 30 avril 1871, à **M. Langlois,** caporal au 1er régiment de Voltigeurs de la Garde, prisonnier de guerre à Ger-

mersheim (Bavière rhénane). M. Langlois a été secrétaire-général de l'Association des Combattants de Gravelotte et de l'Armée du Rhin ; il est actuellement président-fondateur de l'Œuvre de Mars-la-Tour.

679. — **Lettre de M. Dubois,** lieutenant au 6ᵉ cuirassiers, au sujet d'une balle allemande du 18 août, qu'on donnait pour explosible, mais qui ne l'était pas réellement.

680. — Pièces concernant les renseignements donnés sur **Max et Raymond de Buyer** (Voir la lettre de leur mère).

681. — Texte de la **circulaire** adressée en 1876, par **M. l'abbé Faller,** curé de Mars-la-Tour, en faveur de l'église ou d'une chapelle commémorative à ériger.

682. — **Un permis de chasse allemand** daté de Sedan, 22 novembre 1872, accordé à M. Roger Aurélie, propriétaire à Bussières, commune de Chambley (M.-et-M.). — Don de M. Roger.

683. — Lettres du **capitaine Rogier,** de Fresnes-en-Woëvre, contenant des renseignements.

684. — **Circulaire de Jules Favre** du 6 septembre 1870 aux agents diplomatiques de la France.

685. — Texte de **l'appel fait par M. l'abbé Faller,** curé de Mars-la-Tour aux communes en faveur du projet de construction du Musée.

686. — **Lettre** du 3 juillet 1876, de M. l'abbé Faller, adressée à **Mgr Foulon,** évêque de Nancy, pour l'informer de son projet d'une chapelle commémorative.

687. — Un paquet de **23 lettres** adressées par nos soldats français blessés et prisonniers de guerre, aux dames du Sacré-Cœur de Metz.

688. — Fac-similé d'**une lettre de Marie-Antoinette,** reine de France, trouvée dans le livre d'un soldat. — Don de M. Lamblin, de Metz.

689. — Attestation d'**un diplôme chinois** concernant une décoration accordée au médecin-major Beurdy, tué le 16 août. — Don de sa veuve.

690. — **Lettre du major von Gersdorff** envoyant à M. l'abbé Faller une lettre fort touchante d'un breton, M. Guil-

mard à son fils Alexandre, soldat d'infanterie ; lettre trouvée sur le champ de bataille du 16 août, par un officier saxon.

691. — Une lettre de **Mme la comtesse Gluszezenska,** adressée à M. l'abbé Stef, prédécesseur de M. l'abbé Faller à Mars-la-Tour, et une autre adressée à M. l'abbé Faller lui-même. Son mari a été tué le 16 août 1870, sa tombe se trouve sur le plateau de Mars-la-Tour, près du Fond-de-la-Cuve.

692. — Etats de service du **colonel Saint-Remy.** — Don de son frère.

693. — Longue lettre d'un **jeune patriote d'Alsace** à M. l'abbé Faller.

694. — **Lettre du lieutenant-colonel Mary** au sujet de l'emplacement ou doit être inhumé le corps de Jullienne d'Arc, son ami, avec une carte topographique indiquant l'endroit.

695. — **Lettre** de renseignements que **M. Bogino,** l'artiste du monument national a adressée à M. l'abbé Faller.

696. — **Lettre** du secrétaire-général des Combattants de Gravelotte annonçant à M. l'abbé Faller qu'on lui envoie pour son musée le portrait de Mgr Lanusse, aumônier de Saint-Cyr.

697. — **Renseignements de M. Bédard** sur le capitaine François, né à Rouves (M.-et-M.), blessé mortellement à Ladonchamps.

698. — **Proclamation et avertissement** aux habitants de l'Alsace, du lieutenant-général de Beyer, datant du mois d'août 1870. Elle est en langue allemande, elle ordonne aux habitants de s'abstenir de tout acte d'hostilité vis-à-vis des soldats allemands, sous peine des plus sévères répressions. La traduction française faite par le lieutenant Lefaivre, se trouve sous les mots allemands, entre les lignes. Le donateur, M. Burel, capitaine au 1er régiment étranger à Sidi-bel-Abbès. Son père, en 1870, était maire d'Altdorff, près Molsheim (Basse-Alsace) ; c'est de lui que provient la feuille de proclamation ci-jointe. Cette proclamation a été obtenue pour le musée par M. le lieutenant Lefaivre, tout récemment entré au 1er régiment étranger.

699. — Une **lettre de M. Roy,** demeurant à Dijon, prison-

nier de guerre à Kœnigsberg. Lettre datée du 23 novembre 1870, signé : Roy, caporal au 3e régiment du génie, prisonnier de guerre à la 12e compagnie, 4e escouade, à Kœnigsberg, 2e dépôt. Prusse Orientale, par la Suisse.

700. — Une **2e lettre du même,** datée du camp de Karthaus, près Coblentz, 7 mai 1871. Il y donne des nouvelles à ses parents, et on y lit écrit à l'encre rouge les observations suivantes : « Je dois rendre hommage à la bienveillance des autorités allemandes qui ont eu pour trois de mes compagnons de captivité et pour moi-même de grands égards. Très éprouvé par les rigueurs de la température à Kœnigsberg, je fus envoyé sous un climat plus doux. » Dans un autre passage il note que son travail, comme caporal du génie, a été généreusement rétribué par les officiers du génie allemand. Il rectifie une plainte faite par lui dans sa lettre précédente : « Mon appréciation a été injuste, car à Kœnigsberg l'autorité allemande a été très bonne pour moi. Le climat froid et sombre de Kœnigsberg m'influençait tristement. » Enfin, il termine sa lettre par ces mots écrits à l'encre rouge : « Quelques temps après que j'eus écrit cette lettre, je fus victime de la diphtérie qui décimait les prisonniers. Les plus grands soins me furent prodigués par le corps médical et dévoué des vainqueurs. » Signé : Roy.

701. — Un petit cahier renfermant **3 lettres du sous-lieutenant** de hussards **Larbaletier** à ses parents : l'une de Teterchen, le 7 août 1870, l'autre de Metz, le 8 août 1870, la troisième, devant Metz, le 11 août 1870.

702. — **4 autres lettres** le concernant : la première d'un de ses camarades, G. Fagot, lieutenant au 7e hussards, datée de Castres, 28 août 1871, relatant dans quelles circonstances il est mort ; la deuxième encore de Castres, le 1er octobre 1871, adressée à Mme Larbaletier par le même lieutenant Fagot, par laquelle il lui apprend comment tous les effets de son fils ont été perdus après la bataille de Gravelotte ; la troisième vient d'un M. Romagny, professeur de français à Mayence, qui avait adressé à Mme Larbaletier le carnet de son fils. Cette dame ne l'ayant pas reçu, M. Romagny lui indique dans cette lettre comment elle doit s'y prendre pour

le retrouver dans les bureaux de poste allemands ; la quatrième lettre est de M. l'abbé Watrin, curé de Vry, datée du 24 avril 1871, donnant des renseignements sur le sous-lieutenant Larbaletier qui était venu lui faire visite. Elle est adressée à un ingénieur pour être communiquée au père de ce brave officier.

703. — Une **lettre de M. Viseux,** ancien capitaine aux 69e de ligne, contenant une lettre du sergent-major Monas, tué le 14 août 1870 à Borny et une liste de noms d'officiers et de soldats tués et blessés le 14 août.

704. — Copie des états de service de **Jules Benay,** maréchal des logis au régiment d'artillerie montée de la Garde, blessé grièvement à Gravelotte le 16 août 1870. — Don de sa veuve.

705. — Lettre touchante du **général de Vaudrimez** au sujet de son fils, frappé mortellement par un éclat d'obus. — Don de M. l'abbé Lemire, curé-archiprêtre de Saint-Avold (pays annexé).

706. — Reçu de M. Knapp, de Paris, qui était en 1870 sergent de la 1re section d'ouvriers d'art, **2 ordres de service.** Le 1er, du 29 juillet 1870 devant Forbach et Sarrebrück, indiquant diverses répartitions d'ouvriers ; le 2e, du 24 août 1870, pour loger des prisonniers allemands dans les casemates du du Fort-Moselle. Signé : Prost. — Don de M. Knapp.

707. — Petite **lettre,** pelure d'oignon, partie le 15 septembre 1870, par les ballons du camp de la Ronde, près Metz. Le cachet de la poste porte : 17 sept. 1870. « Sur une dizaine de lettres que j'avais écrites, c'est la seule qui soit parvenue à mes parents. » Voici cette dépêche : « Camp de la Ronde, 15 sept. 1870, près Metz. — Chers Parents, Je vous souhaite le bonjour et je me porte bien. Je désire que ma lettre vous trouve de même. Le bonjour à tout le monde de ma part. Nous avons assisté aux batailles des 14-16-18-31 août 1er septembre qui ont été glorieuses pour nous. Rien de plus à vous dire. Je vous embrasse tous du plus profond de mon cœur, ainsi que les petits enfants. Votre fils pour la vie, Ernest Lucas. » — Don de l'auteur de la lettre.

708. — Une **lettre** de M. Schaack, président du tribunal de 1re instance, à Diekirch (Grand-Duché de Luxembourg), dans laquelle il donne des renseignements sur l'origine de la selle kabyle du Musée et sur le départ de Bourbaki de Metz pendant le blocus.

2. Journaux et Revues

709. — **Siège de Paris**. Collection de journaux. — Don de M. Chéron, à Paris.

710. Collection de **journaux de Nancy** pendant l'occupation allemande. — Don de M. Andlauer, directeur du service de tabac, à Cahors (Lot).

711. — Collection de **journaux du Vœu National** de Metz, du 15 juillet au 30 octobre 1870. — Don de Mlle Bour, de Moulins-lès-Metz-

712. — Collection de divers **journaux pendant le blocus de Metz**. — Don de la famille du général Pecqueux, à Nancy.

713. — **Le Monde illustré**, renfermant le procès de Bazaine. — Don de Mlle Bour, de Moulins-lès-Metz.

714. — **Le Monde illustré**, année 1870-1871. — Don de la même.

715. — **La Gazette de France**, procès de Bazaine. — Don de la même.

716. — **La Giberne**, 1er septembre 1900, 2e série, n° 3, contient un récit de la bataille du 16 août. — Don de M. Le Pelletier de Voillemont, chef de bataillon au 161e, à Saint-Mihiel.

717. — **La Revue française de Constantinople**, 1re année, n° 9. Journées du blocus de Metz. Fragments historiques par le chevalier du Godins de Souhesmes.

718. — Numéro du vendredi 4 novembre 1870 de l'**Indépendant Rémois**. Les nombreuses parties du journal qui sont rayées l'ont été par ordre de l'autorité militaire allemande occupant le territoire rémois. — Don de M. Gestot de Garambé, chef de bataillon en retraite, à Béthune.

719. — **Le Pavillon français**. Article sur le général Margueritte à la bataille de Sedan.

720. — Une collection de journaux **La Tribune**.

721. — Un lot de numéros du **Petit Journal** 1873, racontant le procès de Bazaine.

722. — Un lot de journaux **Le Rappel**, année 1870.

723. — Divers **journaux de Paris** 1870.

724. — Divers journaux parlant tous de Mars-la-Tour.

725. — **Le Monde illustré** 1870. — Don de Mlles Mackiewiez.

726. — Plusieurs **coupures de journaux** sur divers faits de guerre en 1870.

727. — Un lot de 39 journaux du siège de Paris et de la Commune, comprenant :

728. — 1. « La Petite Presse, nº du 19 mars 1871.

729. — 2.   Id.   7 juillet 1871.

730. — 3.   Id.   23 juillet 1871.

731. — 4.   Id.   3 décembre 1871.

732. — 5.   Id.   16 février 1872.

733. — 6. Réimpression du « Journal officiel de la Commune », nº du 20 mars 1871.

734. — **Le Courrier de la Meuse**, nº du 5 août 1909, avec un long article intitulé « le Curé de Mars-la-Tour », par Jean Saint-Yves.

735. — 7. « Le Moniteur Universel », 25 mai 1872.

736. — 8. Supplément du « Moniteur Universel » du 23 mai 1872.

737. — 9. Id. du 24 mai 1872.

738. — 10. Id. de 25 mai 1872.

739. — 11. « Le Courrier de Meurthe-et-Moselle », à Nancy, 5 mars 1872.

740. — 12. Assemblée nationale de Bordeaux. Compte rendu analytique des discours. Séance du 28 février 1871.

741. — 13. « Le Moniteur de la Guerre », 21 août 1870. Récit de la bataille du 16 août.

742. — 14. « L'Ami de la France », n° du 9 mars 1871.

743. — 15.   Id.   10 mars.

744. — 16.   Id.   11 mars.

745. — 17.   Id.   15 mars.

746. — 18. « Le Rappel », n° du 23 mars 1871.

747. — 19.   Id.   30 mars 1871.

748. — 20. « Le Siècle », n° du 21 juin 1871.

749. — 21.   Id.   14 mars 1872.

750. — 22. 1re liste des prisonniers faits par l'Armée de Versailles depuis le 18 mars 1871, qui doivent passer incessamment devant la Cour martiale.

751. — 23. 2e liste, id.

752. — 24- 3e liste, id.

753. — 25. 4e liste, id.

754. — 26. 5e liste, id.

755. — 27. « Le Petit Moniteur Universel », n° du 17 mars 1871.

756. — 28.   Id.   21 juin 1871.

757. — 29. « Le Cri du Peuple », n° du 20 mars 1871.

758. — 30   Id.   21 mars.

759. — 31.   Id. -   22 mars.

760. — 32. « L'Avant-Garde », n° du 17 mars 1871.

761. — 33.   Id.   18 mars.

762. — 34.   Id.   23 mars.

763. — 35. « Le Mot d'Ordre », n° du 9 février 1871.

764. — 36. « Le Moniteur du Peuple », n° du 18 mars 1871.

765. — 37. « Le Drapeau », n° du 19 mars 1871.

766. — 38. « Journal officiel de la République française », n° du 14 juin 1871. Discours de Trochu sur le 4 septembre 1870

767. — 39. Id., n° du 10 juin 1871. Discours de Trochu sur le siège de Paris.

768. — **Divers comptes rendus** du 16 août à Mars-la-Tour, par divers journaux de Paris et de la province.

769. — 2 numéros du **Lorrain**, 4 et 6 octobre 1908, relatifs à l'inauguration du monument français de Noisseville. - Don de M. Specht, de Metz.

770. — Un numéro de la revue **La Croix de Lorraine** 4 octobre 1907, sur le même sujet. — Don du même.

CINQUIÈME SECTION

**Livres, Brochures, Opuscules,
Comptes rendus, Chansons
et Poèmes Patriotiques.**

771. — **La guerre de 1870-1871**, 6 volumes par le lieutenant-colonel Rousset. — Don de l'auteur.

772. — **Le 4ᵉ corps de l'Armée de Metz.** Commandant : le général de Ladmirault, par le lieutenant-colonel Rousset. — Don de l'auteur.

773. — **Scènes et épisodes de la guerre 1870-71**, par le lieutenant-colonel-Rousset. — Don de l'auteur.

774. — **L'Invasion allemande,** par le général Boulanger, 3 volumes.

775. — **Français et Allemands** 1870-71, par Dick de Lonlay, 6 volumes.

776. — **Metz monumental et pittoresque**. Grand album in-folio, doré sur tranche.

777. — **La vie militaire** du général Ducrot : 2 volumes, avec cette épigraphe : Joseph Ducrot le 21 juillet 1898, offert à M. l'abbé Faller, curé de Mars-la-Tour, en souvenir du général Ducrot, évadé des Prussiens le 13 septembre à Pont-à-Mousson, du commandant Ducrot, son frère, tué au siège de Strasbourg, et du capitaine adjudant-major de Champs, son beau-frère, tué près de Servigny, J. Ducrot.

778. — Récits militaires, par le général Ambert, 5 volumes avec cette épigraphe : à M. l'abbé Faller, souvenir des petits enfants du général Ambert : Madeleine, Pierre, J. Demange.

779. — Ville de Toul. Cérémonie commémorative 22 septembre 1895.

780. — Le maréchal Canrobert. Le dernier maréchal de France. — Don de M. Langlois, président-fondateur de l'Œuvre de Mars-la-Tour. Grand volume doré sur tranches.

781. — L'Armée de l'Est, par Grenest. Gros volume, riche reliure, doré sur tranches. — Don de M. René Bollet, demeurant à Paris.

782. — Filleuls de Napoléon. Histoire d'une famille de soldats, 2° période 1830-1870 par le capitaine Danrit. Gros volume richement relié, dorure sur tranches. — Don de M. Drouet, inspecteur primaire à Paris.

783. — Mars-la-Tour, 16 août 1870, par Oswald Leroy. Belle brochure sur papier Japon. — Don de l'auteur.

784. — Albums de l'armée française, par Roger de Beauvoir. Richement reliés. — Don de l'auteur, 8 volumes.

785. — Les Morts pour la patrie. Tombes et monuments militaires élevés à la mémoire des soldats tués pendant la guerre. Par Clément de Lacroix, chef de bureau au ministère de l'Intérieur.

786. — 95e Régiment de ligne, 3e bataillon 5e compagnie. Livret d'ordinaire. Année 1870.

787. — Cours sur les artifices de guerre à l'usage des élèves de l'Ecole Centrale de pyrotechnie maritime.

788. — Les héros chrétiens au 19e siècle par l'abbé E.-M. L. licencié, ès-lettres, professeur de rhétorique.

789. — Petit Marsouin, volume petit in-4° richement relié. Histoire d'une famille de soldats, 3e période 1870-1899 par le capitaine Danrit, avec cette épigraphe : à M. l'abbé Faller, curé de Mars-la-Tour dont le nom est venu sous ma plume en ce volume dédié à l'Armée de France, hommage sympathique d'un des fidèles du pèlerinage du 16 août ; commandant Driant, 1er bataillon de chasseurs à Troyes.

790. — **Voyage au pays des milliards**, par Tissot.

791. — **La guerre de 1870**, par le général Niox. Simple récit avec cette épigraphe : l'adjudant Corazzi, le sergent Lucchesi du 152e À la mémoire de nos frères d'armes tués les 16 et 18 août et en souvenir de notre très court et heureux séjour dans la mémorable localité de Mars-la-Tour. Janvier 1899.

792. — **Les 3 batailles sous Metz** : Borny, Rezonville, Saint-Prival par E. Branchard, de Briey.

793. — **De la Loire à l'Oder**, récits de captivité d'un prisonnier en 1870-71, par Gustave Fautras, inspecteur de l'enseignement primaire. — Don de M. Drouet, inspecteur primaire à Paris.

794. — **Le général Lapasset**, 2 grands volumes.

795. — **Au service du pays**, souvenirs de Sainte-Geneviève par le P. Chauveau. Beau volume doré sur tranches.

796. — **Devant l'ennemi**, par d'Avesne. Grand volume doré sur tranche.

797. — **Le maréchal de Mac-Mahon**, volume in-4° relié et doré sur tranches. — Don de M. Langlois de Paris, 16 août 1901.

798. — **Le blocus de Metz** en 1870. Publication du conseil municipal de Metz. Belle reliure. — Don de M. l'abbé Jules Christophe de Pont-à-Mousson 16 août 1899.

799. — **L'entrevue de Saint-Ail-Amanvillers** 17 juin 1893, par Léon Goulette. Grande brochure, 2 volumes.

800. — Grand carnet 4e trimestre 1870. **Armée du Rhin** 3e corps d'armée. Portion du corps 1re division, 2e brigade. M. Pyot, capitaine Borny 1er octobre 1870.

801. — **La guerre franco-allemande** rédigée par la section historique du grand état-major prussien. Traduction par le capitaine Ch. Kussler professeur d'allemand à l'écoles supérieure de Guerre, 2e partie. — Don de M. l'abbé Laurent, curé d'Hagéville.

802. — **La guerre franco-allemande** par le grand état-major prussien. Traduction par E. Costa de Serda, capitaine

d'état-major français 1re partie. — Don de M. Maillard, demeurant à Arnaville.

803. — **Etudes sur le combat antique et moderne** par le colonel Ardant du Picq. Préface de M. Ernest Judet.

804. — **Le Désastre** par Paul et Victor Marguerite. — Don des auteurs.

805. — **Le Déserteur**, petite brochure. Drame en un acte de M. Eugène Meyblum. — Don de l'auteur.

806. — **Les grandes batailles de Metz,** par Alfred Duquet. — Don de M. Henri Wickham, chirurgien à Paris qui a écrit sur la 1re page son opinion sur la valeur de l'ouvrage.

807. — **Les derniers jours de l'Armée du Rhin** du 19 août au 29 octobre. Par le même. — Don de M. Langlois de Paris.

808. — **Histoire médicale du blocus de Metz,** par le docteur Grellois, médecin en chef des hôpitaux et ambulances de cette place. Beau volume doré sur tranche. — Don de M. l'abbé Jules Christophe, de Pont-à-Mousson.

809. — **Le général Bourbaki,** par le commandant Grandin, bien relié. — Don de M. Langlois, de Paris.

810. — **Vie de Mgr Dupont des Loges,** évêque de Metz, de 1843 à 1886, par M. l'abbé Félix Klein, professeur à l'Institut catholique de Paris. Beau volume relié. — Don de M. le chanoine Villeumier, son ancien vicaire-général.

811. — **Œuvres choisies de Mgr Dupont des Loges.** Beau volume relié. — Don du même.

812. — **Carnet d'un prisonnier de guerre.** Les batailles sous Metz. La capitulation. La captivité. Simples notes du lieutenant-colonel Meyret, officier de la Légion d'honneur, originaire de Metz. Volume relié.

813. — **La Lorraine.** Souvenir de la guerre, par Guy Delaforest, in-8°, illustré.

814. — **Annuaire militaire de 1894** en 2 volumes.

815. — **Un héros de la défense nationale :** Valentin et les derniers jours du siège de Strasbourg, par Lucien Delabrousse. — Don de M. Fruhinsholz, conseiller municipal à Nancy, 2 volumes.

816. — **Etudes sur la marine de guerre**. Beau volume.

817. — **Histoire du 15e régiment d'Infanterie**, par le lieutenant de Tarragon. Beau volume.

818. — **Bibliographie générale de la guerre** de 1870-71. Répertoire alphabétique raisonné des publications de toute nature relatives à la guerre franco-allemande parues en France et à l'étranger, par le commandant Palat. — Don de la maison Berger-Levrault, 1er juillet 1897.

819. — **Bitche et ses défenseurs**, 1870-71, par Eugène Guesquin, ex-pharmacien aide-major, délégué de la ville de Bitche. — Don de l'auteur, avec cette épigraphe : A M. le Curé de Mars-la-Tour, en souvenir du glorieux colonel Teyssier et en admiration des vertus patriotiques du vénérable évêque Dupont des Loges, respectueux hommage de l'auteur E. Guesquin, 18 mai 1903. Beau volume in-8°.

820. — **Devant l'ennemi**, par le R. P. Frédéric Rouvier S. J., avec une lettre de M. le comte Albert du Mun. Grand in-8°. — Don d'un habitant de Mars-la-Tour.

821. — **Le livre d'honneur militaire** de l'arrondissement de Remiremont (Vosges 1789-1895), avec cette épigraphe : Au digne pasteur patriote, à M. le curé Faller de Mars-la-Tour. Hommage respectueux de l'auteur Emile Thiaucourt, lieutenant au 6e régiment territorial d'artillerie, chevalier de la Légion d'honneur. Remiremont, 15 septembre 1897.

822. — **Histoire complète de Louis-Napoléon Bonaparte**, président de la République française, ornée de son portrait, avec une lettre autographe du Prince et contenant en outre des lettres de Chateaubriand, Odilon Barrot, Georges Sand, Béranger, etc. Livre très curieux.

823. — **Paroisse de Saint-Privat-la-Montagne**. Petite brochure fort intéressante. — Don de M. l'abbé Bauzin, curé de Saint-Privat.

824. — Service solennel célébré pour les soldats du 28e de ligne tués à l'ennemi. **Allocution de S. G. Mgr Thomas**, archevêque de Rouen, prononcée en l'église primatiale de Rouen, 14 juin 1892.

825. — Croix rouge française. **Conférence faite au**

comité de **Privas, par M. l'abbé Caillard,** de l'Oratoire.
2ᵉ édition 1893. Très intéressante.

826. — **La guerre de Moltke** avec sa notice biographique.
Brochure.

827. — **La Défaite. Sedan.** Brochure par le général Ambert
avec sa notice biographique.

828. — **Le maréchal Fabert,** par Théophile Ménard.

829. — **Le comte Antoine de Levezou de Vezins,** lieutenant au 93ᵉ de ligne. Brochure biographique très touchante.

830. — **Ode allégorique** pour détourner la France de la
guerre, par M. l'abbé Doyotte. 2 vol.

831. — **Défense d'une ville ouverte** : Rambervillers en
1870, par Maurice Velin, avec cette épigraphe de l'auteur :
à **M.** le curé de Mars-la-Tour en souvenir d'une visite. Hommage de gratitude et de respect : M. Velin.

832. — **Cérémonie patriotique** organisée par la Société
Catésienne des anciens combattants et inauguration du nouveau Monument érigé à la mémoire des enfants du Cateau
morts pour la Patrie. **Discours de M. Henry Durand,** professeur au Collège communal, prononcé au cimetière du Cateau.

833. — **Brochure sur Metz,** par un ecclésiastique de Metz.

834. — **Une page d'histoire militaire,** par le commandant Voillemont du 161ᵉ à Saint-Mihiel. — Don de l'auteur.

835. — **La Lorraine,** par le chanoine Cherrier, président
de l'Académie d'Aix-en-Provence. — Don de l'auteur.

836. — Inauguration de la **statue de N.-D. de Tantelain-
ville,** paroisse de Vionville sur le champ de bataille du
16 août.

837. — Service funèbre des R. P. Jésuites fusillés à Paris.
Allocution prononcée par un P. Rédemptoriste dans l'église
de Saint-François de Sales de Bréquerecque, à Boulogne-sur-
Mer, 2 juin 1871.

838. — **Etude sur la bataille de Rezonville,** 16 août
1870, par M. Tumerel, chef de bataillon d'infanterie, avec deux
planches. Extrait du « Journal des Sciences militaires »,
novembre 1875.

8.9. — **Le général de division Margueritte,** né à Manheulles (Meuse), 25 janvier 1823. Brochure de 60 pages, par Jean de Riste. — Don de M. Rogier, capitaine de cavalerie en retraite, à Fresnes-en-Woëvre (Meuse).

840. — **Inauguration de la statue du général Margueritte** à Fresnes-en-Woëvre (Meuse), le 2 juin 1884. Compte rendu des discours in-extenso avec préface et dédicace, par Henri Lavignon, professeur d'histoire au Collège d'Etain (Meuse).

841. — **Etymologie** des noms de toutes les villes et de tous les villages du département de la Moselle, par Auguste Terquem, de Metz.

842. — **Le Souvenir français.** Rapports de l'Assemblée générale du 21 mai 1899.

843. — *Idem.* Comité de Pont-à-Mousson, 1896-1897.

844. — — — — 1897-1898, contenant le rapport sur le combat du 12 août 1870, à Pont-à-Mousson.

845. — *Idem.* Comité de Pont-à-Mousson, 1898-1899.

846. — — — — 1900-1901.

847. — — Rapport de l'Assemblée générale du 24 mai 1896.

848. — — — — — 24 juin 1900.

849. — **Discours de Mgr Freppel,** évêque d'Angers, en faveur de l'Œuvre des tombes et prières, prononcé à l'église Sainte-Madeleine, à Paris, le 6 avril 1877.

850. — Ecole primaire supérieure de Charmes (Vosges). Compte-rendu de l'excursion des 12 et 13 juillet 1898 : Charmes, Nancy, Mars-la-Tour, Gravelotte, Metz, Luxembourg, Pont-à-Mousson, Charmes.

851. — Le **Franc-tireur polonais,** par Ch. Joske Choniski. Traduit du polonais par Ladislas Mickiewicz. Brochure de 160 pages.

852. — **Histoire du 49e d'infanterie.** — Don de M. Muller, directeur du Serre-file, à Nancy. **Histoire du 7e bataillon de chasseurs à pied.** — Don du même.

853. — **Pour la Lorraine et l'Alsace.** Poèmes patrioti-

queş par Gabriel Gélinet élève au Collège de Thionville avant
l'annexion.

854. — **Journal du siège de Metz** de 1552. Notes historiques.

855. — **Histoire de la guerre d'Italie** en 1859, précédée
d'un coup d'œil sur la question italienne et sur les causes de
la guerre, par Roy.

856. — **Notice sur la collégiale de Mars la-Tour**, par
M. Paul de Mardigny.

857. — **L'Armée de Mac-Mahon** et la bataille de Bau-
mont. — Don de M. Bord lieutenant au 51e de ligne à Beau-
vais 6 décembre 1897.

858. — **Une famille d'artilleurs.** — Don du commandant
de Voillemont au 161e à Saint-Mihiel (Meuse).

859. — **Discours de Mgr Turinaz** évêque de Nancy
auprès du Monument national de Mars-la-Tour, 16 août 1890.

860. — **Discours de M. Voland,** sénateur de (M.-et-M.),
le 16 août 1892.

861. — Ouvrage en langue allemande sur **la guerre de
1870,** 1 volume broché.

862. — **Guide de l'étranger** à Metz et dans le département
de la Moselle par E. A. Bégni.

863. — **Exercices de cavalerie.** Instruction à pied, à
cheval. Instruction des corps de cavalerie composés de plusieurs régiments.

864. — Le **soldat.** Almanach pour l'armée.

865. — La **Caserne et le Presbytère.** Contes et récits
par le Comte de Ségur.

866. — **Almanach annuaire de la Gendarmerie.**

867. — **Catalogue du Musée de Bazeilles.**

868. — **Règlement sur les manœuvres de l'Infanterie,** 1869.

869. — **Metz, ses environs et ses champs de bataille,**
par M. Pétry. — Don de l'auteur.

870. — **Almanach annuaire de l'Armée française** pour
1897.

871. — **Vie du R. P. Olivain** fusillé par les Communards par C. Clair S. J. Beau volume doré sur tranches.

872. — Les **Allemands à Reims** 1870-71. Aperçu historique par V. Diancourt ancien député, ancien maire de Reims et sénateur de la Marne.

873. — Les **trois instituteurs de l'Aisne** fusillés pendant la guerre de 1870-71, par Jean Zeller, recteur de l'Académie de Grenoble.

874. — Le **Guide du Soldat**, par M. l'abbé Raymond, très intéressant, 2 volumes.

875. — **Discours d'ouverture** prononcé par M. le chanoine cherrier, président de l'Académie d'Aix. **Provence et Lorraine dans l'histoire**. — Don de l'auteur.

876. — **Bazeilles**. Combats. Incendies. Massacres par J. Bourgerie. — Don de l'auteur 22 avril 1898.

877. — Le **drame de Cuchery,** par H. Vidal. Seconde édition avec autographe et portrait de l'abbé Miroy. — Don de M. l'abbé Adnot, curé de Jonville (Meuse).

878. — **Biographie du R. P. Joseph**, missionnaire apostolique, chevalier de la Légion d'honneur par l'abbé Weinsteffer officier d'Académie, avec cette dédicace : je vous prie, M. l'abbé Faller, de bien vouloir accepter cette biographie du R. P. Joseph, en souvenir de ma visite à Mars-la-Tour. Je suis sûr que vous serez heureux de la placer dans votre beau Musée avec toutes ces pieuses reliques qui ont appartenu à des braves, car le P. Joseph était un brave aumônier militaire pendant la guerre de 1870 ; il a été en captivité à Ulm, fondateur de l'Œuvre des Tombes, fondateur d'orphelinats, chevalier de la Légion d'honneur. Vous voyez que sa biographie sera bien à sa place à Mars-la-Tour. Si mes pas me conduisent de nouveau en (M.-et-M.), soyez assuré, M. l'abbé, que je retournerai voir avec intérêt le Musée de Mars-la-Tour et serrer la main de son fondateur.

Marc DURONVENOZ,
29, rue de Carouge, à Genève (Suisse).

879. — **Bibliothèque de Souvenirs et Récits militaires**. Docteur P. Gaulot.

880. — **Paris assiégé** par Jules Claretie de l'Académie française. Brochure intéressante.

881. — **Notice sur le colonel de Saint-Hillier** du 2e de ligne, tué à Spicheren, avec cette dédicace de son fils lieutenant au 3e hussards à Verdun : « A l'inspirateur de ce modeste opuscule, au vaillant et vénérable curé de Mars-la-Tour, respectueusement offert et avec reconnaissance ». L. Hillier.

882. — Ouvrage allemand sur les **batailles et monuments autour de Metz**, en 1870, par Geibel, gardien des Tombes à Gorze.

883. — L'**Armée française à Metz**, par le Comte de la Tour du Pin Chambly, 4e édition. Livre broché.

884. — **Armée du Rhin**. Camp de Châlons, Rezonville, ou Gravelotte, Saint-Privat, Blocus de Metz par le docteur Ferdinand Quesnoy, médecin principal de 1re classe à l'Armée du Rhin.

885. — **Nos pèlerinages en 1900** du 15 août, 19 octobre. — Don de M. l'abbé Rachon et de Mlle J. de Saint-Montan, 1 beau volume broché.

886. — La **défense de Longwy**. E. Massaroli, lieutenant-colonel. commandant supérieur de la place Offert par M. E. Thomas banquier à Longwy-Bas.

887. — Les **grandes batailles de Metz**. — Don de M. Durand, professeur au Cateau (Nord), 2 volumes.

888. — La **défense de Rambervillers** en 1870, par Félix Bouvier. — Don de l'auteur.

889. — **Patriotisme du Clergé catholique** et des Ordres Religieux pendant la guerre de 1870-71, par H. R. Blondeau, ancien sous-préfet.

890. — **Contre le Prussien**. Hier, aujourd'hui, demain, par le docteur Chassagne avec cette dédicace : à M. l'abbé Faller, le si patriote curé de Mars-la Tour, un patriote docteur : Chassagne Paris 1er août 1897.

891. — **Bazeilles pendant la guerre de 1870** et le 25e anniversaire par l'abbé Fouquet.

892. — **2e Anniversaire de la bataille de Sedan**. Discours prononcé le 1er septembre 1872 dans l'église Saint-

Charles de Sedan par M. l'abbé Dumaine, archiprêtre, curé de
Sedan.

893. — **5e Anniversaire de Sedan.** — Discours du même.

894. — **12e Anniversaire de Sedan** id.

895. — **13e Anniversaire de Sedan** id.

Don de M. Trilémy demeurant à Etain (Meuse) 4 brochures.

896. — Une **journée à Mars-la-Tour** 16 août 1898, par
Emile Badel. — Don de l'auteur.

897. — La **nouvelle défense de Paris** avec notes géolo-
giques, historiques, et principes de sécurité avec cette dédicace : à M. l'abbé Faller, souvenir affectueux de l'auteur : Marquis de Lachaux, 6, grande rue des Récollets, Toulouse (Haute-
Garonne).

898. — Le **caractère national et le génie de la
France,** par Claude-Charles Charaux, professeur honoraire
de philosophie à l'Université de Grenoble.

899. — Le **héros de Strasbourg.** Le commandant du
génie Ducrot.

900. — **Souvenirs de la guerre de 1870-71.** Conférence
faite le 25 mai 1888 au siège de l'Association des Dames françaises, par Mme Carolie Cahen, chevalier de la Légion d'honneur, 3e édition.

901. — **France et Lorraine.** Patrie-Famille. Poésies par
Auguste Charaux.

902. — **Journal du blocus de Metz**, rédigé de jour en
jour en 1870 par F.-M. Chabert, 2e édition. — Don de M. Durand, professeur au Cateau (Nord, 31 août 1898).

903. — **Pro Patria !** Iambes et éligies par Charles des
Guerrois. — Don de l'auteur.

904. — **L'Alsace et la Lorraine.** Comment elles redevien-
dront françaises, par H. Barthélémy. Auteur de « Avant la
Bataille ».

905. — Les **Prisonniers Français** à Kalk et au Grem-
berg, près de Cologne. Journal d'un aumônier, par M. l'abbé
Deblaye, professeur au Petit-Séminaire de Pont-à-Mousson
(Meurthe-et-Moselle).

906. — La **guerre de 1870**, par le général Nioxe. — Don de M. Drouet, inspecteur primaire à Paris.

907. — **Eloge funèbre de M. l'Abbé Risse**, aumônier militaire à Metz, par M. l'abbé Jacques, ancien aumônier militaire.

908. — **Allocution,** prononcée en l'église N.-D. de Paris, à l'occasion du **31°** anniversaire de la bataille de Gravelotte, 16 août 1901, par M. l'abbé Binz, ancien aumônier à l'Armée du Rhin.

909. — L'**Emigrant Alsacien**. Poème patriotique dédié aux Alsaciens-Lorrains, par Eugène Meyblum. — Don de l'auteur.

910. — La **Croix de Lorraine,** par M. le chanoine Cherrier, président de l'Académie d'Aix-en-Provence. — Don de l'auteur.

911. — La **Némésis Lorraine**. Poème. Bazaine, par R. C.

912. — Une **Lorraine,** par Edgard La Selve. — Don de M. Guyot, de Nancy, 1er mars 1904.

913. — Le **général Margueritte**, dédié à son père, par Paul Margueritte.

914. — Le **siège de Bitche**, par A.-J. Dalsème. — Don de l'auteur. Dentu, éditeur.

915. — Les **derniers Chamborant** à la dernière campagne contre la Prusse, 1870-71, par M. l'abbé Staub, leur aumônier. 2° hussards Chamborant. 2 vol.

916. Les **trois Volontaires**, les trois frères Giraux, par Giraux aîné.

917. — **Emmanuel d'Esparbès (comte d') de Lussan,** tué sur ses pièces à la bataille de Gravelotte, 16 août 1870. 2 vol.

918. — Le **Guide des touristes,** par E. Duchateau, avec description des deux batailles de Gravelotte et de St-Privat.

919. — **Massacre des Mobiles de la Marne** à Passavant, le 25 août 1870.

920. — **Eloge funèbre du général de Sonis,** prononcé par Mgr Freppel dans l'église de Loigny, le 22 septembre 1887.

921. — **Mgr Landriot,** archevêque de Reims, pendant l'occupation allemande, par l'abbé Lacroix, 1er aumônier du lycée Michelet, à Paris.

922. — **Considération sur le système défensif de la France.** Publicité interdite.

923. — Le **Blocus de Metz.** Publication du conseil municipal de Metz. — Don de Mlle Bour, de Moulins-les-Metz, 12 octobre 1898.

924. — L'**Artilleur de Longwy.** — Don de M. Jules Brocard, de Longwy.

925. — Le **Général Lecomte.** — Don de M. Langlois, de Paris, 16 août 1901.

926. — **Souvenirs de l'Ecole Ste-Geneviève,** par le R. P. Chauveau, de la Compagnie de Jésus. 3 volumes brochés forts intéressants.

927. — **Souvenirs de Metz.** L'Ecole Saint-Clément, par le R. P. Didierjean, de la Compagnie de Jésus. 2 vol. brochés forts intéressants.

928. — La **Politique prussienne et le catholicisme en Allemagne,** par un catholique annexé. Ouvrage fort curieux.

929. — **25e, 26e et 27e Anniversaires du massacre des Mobiles** à Passavant (Marne). Compte rendu. Notes recueillies par M. le curé de Passavant. Offert par M. l'abbé Alnot, curé de Jonville (Meuse).

930. — **Almanach d'Alsace-Lorraine.** — Don de M. Chéron, de Paris.

931. — Le **même 1897.** — Don du même.

932. — **Jeanne d'Arc est Lorraine,** par Emile Badel, professeur d'histoire à l'Ecole professionnelle de l'Est, à Nancy. — Don de l'auteur.

933. — La **Guerre de forteresse,** par le capitaine Danrit. 2 vol. — Don de l'auteur.

934. — **Henri de Falaiseau,** blessé à Gravelotte, tué au combat de Chaffois, le 29 janvier 1871.

935. — Le **premier Cri de joie,** Sedan, par E. Rhoden, de Sedan. — Don de M. Tridémy, organiste à Etain (Meuse).

936. — La **Guerre de 1870-71**, par Arthur Chuquet. — Don de l'auteur, avec cette dédicace : au Musée historique de Mars-la-Tour et à son vaillant fondateur et organisateur M l'abbé Faller, cordial hommage : Arthur Chuquet.

937. — L'**Alsace-Lorraine et l'Armée frança'se**, par Lucien Nicot et P. de Pardiellan.

938. — **A travers une époque.** Réflexions et souvenirs, par le colonel Thomas.

939. — **Discours patriotiques**, par Mgr Turinaz, évêque de Nancy. Don de l'auteur.

940. — Notice sur l'**Œuvre des prières et des Tombes militaires** et de Domrémy, par le R. P. Joseph.

941. — Le **Livre d'Or de 1870**, par Gaston Armelin. — Don de M. Langlois, de Paris.

942. — **Au cours de la vie**, par le colonel Thomas.

943. Le **Livre de l'élève-soldat**, par Edm. Pascal, lieutenant d'infanterie territoriale, affecté au service d'état-major.

944. — **Garibaldi en France.**

945. — L'**Armée allemande**, son histoire, son organisation actuelle.

946. — Histoire de tous les **Régiments de Hussards**, par M. l'abbé Staub.

947. — **22e Anniversaire** de la bataille du 16 août. Discours de M. Volland, sénateur de Meurthe-et-Moselle.

948. — **23e Anniversaire** de la même bataille. Discours de Mgr Turinaz : Il faut aimer la France.

949. — Le **Jugement.** Poésies patriotiques, par J. Manthellemy. — Don de l'auteur.

950. — Les **Chansons d'Alsace-Lorraine,** par Villemer-Delormel.

951. — **France et Lorraine.** Patrie-Famille. Poésies par Auguste Charaux.

952. — Histoire complète de la **guerre contre les Prussiens**, 1870-71, par Laurent Martin. — Don de Mlle Koch, de Jarny.

953. — **L'Invasion dans les Vosges,** par Félix Bouvier,

954. — **Album de Metz.** Très intéressant.

955. — **Etat militaire de la France** pour l'année 1778. Fort curieux. 20ᵉ éd , par M. de Roussel

956. — Le **Pillage et l'Incendie de Fontenoy,** par l'abbé Briel, curé de Gondreville et de Fontenoy, 2ᵉ édition, suivie du récit de l'invasion allemande à Charmes-sur-Moselle, par J. Renould, ancien juge de paix du canton de Charmes.

957. — Le **général Boulanger.** Sa vie militaire et politique, illustrée de 50 gravures et portraits, par Alfred Barbou.

958. — Album de tous les **uniformes militaires allemands.**

959. — Livre allemand pour servir **de guide** aux touristes à Nancy, par Pétry.

960. — **Album de Strasbourg,** 1870. — Don de M. le général Lelorrain, commandant la 40ᵉ division d'infanterie, à Saint-Mihiel (Meuse).

961. — Les **Batailles sous Metz.** Livre allemand — Don de M. le baron von Müller, officier saxon à Dresde, 7 juillet 1900.

962. — Eloge de Mgr Jean-Aimé **de Levezou de Vesins,** par M. l'abbé Marboutin, professeur de seconde, prononcé à la distribution des prix du Petit Séminaire d'Agen, 28 juillet 1890.

963. — La **Lorraine chrétienne** et les Saints-Patrons du pays d'Austrasie, par F. Jacquot.

964. — L'**Hôpital militaire de Nancy,** par Emile Badel.

965. — Le **Régiment de Champagne.** Discours prononcé à Reims dans l'école libre de Saint-Joseph, 1ᵉʳ août 1892, par le R P. Munier C. J. — Don de l'auteur.

966. — **Almanach d'Alsace-Lorraine** de 1898. — Don de M. Chéron, de Paris.

967. — La **Curiosité historique et militaire.** Don de M. Muller, directeur « du Serre-File » à Nancy.

968. — **De Sainte-Croix,** par le général Thoumas.

969. — **Allocution** de M. l'abbé Binz, à Paris, pour le

34e anniversaire de la bataille de Gravelotte. — Don de l'auteur.

970. — **Annuaire de la promotion d'Oajaca,** 1864-66. Ecole spéciale militaire de Saint-Cyr.

971. — Divers **comptes rendus** du service anniversaire du 16 août à Mars-la-Tour, par l'Association des Combattants de Gravelotte et de l'armée du Rhin, à Paris.

972. — Notice sur M. le **chanoine Mouzon,** curé-doyen de Chambley, ancien curé de Sainte-Marie-aux-Chênes, en 1870.

973. — **Discours** prononcés à Aix par M. le **chanoine Cherrier** pour la fête du 55e de ligne.

974. — Comptes rendus des **banquets annuels** de la réunion des anciens élèves du Lycée de Metz.

975. — Le **Rêve de la fiancée d'Alsace,** monologue, par E. Meyblum. — Don de l'auteur.

976. — **Deux affiches** du temps de la commune à Paris. Dans le carton no 709.

977. — La **Guerre de 1870 à St-Simon,** paroisse de Metz. Registre très intéressant et bien documenté, écrit par M. l'abbé Humbert, curé de Saint-Simon.

978. — Liste des **Officiers français mortellement blessés** à l'armée du Rhin, faite par M. Paul Gigout, de Dijon. Registre complet avec cette dédicace : Travail offert à M. l'abbé Faller, curé de Mars-la-Tour, comme hommage de mes respectueux sentiments. Paul Gigout.

979. — **Garde mobile de Metz,** 1re compagnie, 2e bataillon, capitaine Germain Prosper. Registre des rapports du dit capitaine, donateur du registre.

980. — Rapport du gouverneur général de Lorraine, de Bonin, général d'infanterie allemande, sur le **chiffre de la dette de la Ville de Nancy** due à la caisse du gouvernement général. — Don de M. Diot, greffier de paix à Nancy.

981. — Notice concernant le marquis Marie-Joseph Casimir **de Raffaelis Soissan,** sous-lieutenant au 99e de ligne, tué le 6 août à Reischoffen. — Don de M. le comte de Boudard, à Saint-Mihiel, son parent.

982. — **Rapport sur le blocus de Metz.** Le drame de Metz, par le P. Marchal, aumônier de la Garde Impériale. Fort intéressant.

983. — Dans le même cahier : relation du **combat de cavalerie de Mars-la-Tour,** le 16 août 1870. Fait à Aix-la-Chapelle, 11 février 1871, par de la Tour du Pin Chambly.

984. — Notice historique succinte de la **lacération du drapeau des Zouaves de la Garde,** le 29 octobre 1870, à Metz. — Don de M. Gendarme, greffier de paix à Thiaucourt (M.-et-M.).

985. — Rapport du commandant Zibelin sur le **16 août 1870.** — Don de l'auteur avec son portrait.

986. — Journal du **régiment des Cuirassiers de la Garde** pendant la guerre de 1870, par de Saint-Gervais, chef d'escadron de cavalerie. — Don de l'auteur.

987. — Rapport sur le **16 août 1870** par M. Roy, combattant en cette journée.

988. — Rapport du même sur le **18 août 1870.**

989. — **Honneur et Patrie !** Glorieux souvenirs, mais tristesse inoubliable ! Récit patriotique par un ancien lancier de la garde, survivant et blessé deux fois dans la charge du plateau d'Yron, 16 août 1870, adressé à : M. l'abbé Faller, fondateur et directeur du musée militaire de Mars-la-Tour, pour figurer dans sa salle d'honneur, parmi nos douloureux débris de 1870. Fait et donné par Jules Viteau, retraité à Avocourt (Meuse).

990. — État nominatif des **militaires morts dans les ambulances de Metz,** pendant la guerre de 1870-71 et inhumés au cimetière de Chambière. — Don de M. Bezanson, de Metz.

991. — **Ambulances du Grand-Séminaire de Metz,** 1870. Renseignements intéressants.

992. — **Rapport d'ensemble** sur les ambulances de Metz en 1870, par M. Mousson, conseiller municipal. — Don d'un messin, M. Speckt.

993. — Rapport du capitaine Corniot, du 4e chasseurs

d'Afrique, attestant **la mort du général Legrand** sur le plateau d'Yron, 16 août 1870. — Don du capitaine.

994. — **Une pièce en vers** en l'honneur de M le chanoine Joseph Faller, curé de Mars-la-Tour. — Don de l'auteur : M. l'abbé Loraux, curé de Grand-Verneuil (Meuse).

995. — Morceaux de musique. **Le Drapeau de Metz**. Paroles de Villemer et Delormel. Musique de Ludovic Benza.

996. — Hommage au général Mercier. **Les Combattants de Gravelotte** ou **Trente ans après**. Chanson patriotique chantée pour la première fois le 16 août 1900, par M. J. Garcia, devant le monument de Mars-la-Tour, à l'occasion de l'anniversaire de la bataille de Gravelotte. Paroles du commandant Jouatte. Musique de Louis Antonin avec cette dédicace : A mon brave chanoine M. l'abbé Faller, curé de Mars-la-Tour, pour son musée rempli de précieux souvenirs. Commandant Charles Jouatte.

997. — L'**Anniversaire du combat**. Romance patriotique. Paroles de Lucien Colonge. Musique d'Emile Spencer.

998. — **Le Volontaire**. Marche patriotique. Paroles de Damien. Musique d'Emile Copel.

999. — **Observations** présentées par le corps municipal de Nancy à M. le général allemand de Bonin, au sujet de l'Ordre du 5 septembre 1870, relatif aux contributions. 4 grandes pages imprimées. — Don de M. Diot, greffier de paix à Nancy.

1000. — **Dessin fort curieux** d'une croix formée de tous les versets du psaume *Miserere*. Trouvée pendant le blocus de Metz. — Don de Mme Villard, de Metz.

1001. — **Prospectus du R. P. Stumpf** S. J. pour annoncer au clergé de Metz la vente de leur mobilier de sacristie. Metz, 13 septembre 1872.

1002. — Notice historique sur le **blocus et le bombardement de Toul**. — Don de M. Diot, greffier de paix à Nancy.

1003. — **Fastes de la France** ou tableaux chronologiques, synchroniques et géographiques de l'histoire de France, depuis l'établissement des Francs jusqu'à nos jours ; indiquant les événements politiques, les progrès de la civilisation et les hommes célèbres de chaque règne. 4e édition 1896, par Mallié. Ouvrage instructif. Grand in-folio. Mais les jugements de l'auteur en ce qui concerne la partie religieuse et ecclésiastique de l'ouvrage ont besoin d'être modifiés en plus d'un endroit. Ouvrage provenant de la bibliothèque de Lacroix, officier au 10e régiment de ligne. — Don de sa fille demeurant à Pont-à-Mousson.

1004. — **Catalogues** des diverses institutions dont un certain nombre de membres ont envoyé des cotisations pour la construction du musée : Société amicale des anciens élèves de l'école polytechnique, 1893. Institution de la Malgrange. Annuaire des anciens élèves du lycée de Metz, année 1898. Répertoire des anciens élèves de Saint-Clément (Metz), 1897. Association amicale des anciens élèves des lycées de Nancy. Metz, Strasbourg et Colmar, 1899. Association amicale des anciens élèves de Beauregard-Longuyon, 1900. Compte rendu du 10e banquet annuel des anciens élèves du lycée de Metz, 1895. — Association amicale des anciens élèves de la Malgrange, 1898.

1005. — Le programme pour l'**inauguration de la statue du général Margueritte** à Fresnes-en-Woëvre (Meuse). Grande feuille imprimée. — Don de M. Rogier, capitaine en retraite, à Fresnes.

1006. — Conférence par M. Durand, professeur au Cateau (Nord) **sur les morts pour la Patrie en 1870.** — Don de l'auteur.

1007. — **Discours de Mgr Turinaz**, évêque de Nancy, sur Jeanne d'Arc, 1890.

1008. — Discours prononcé à Abbeville par le R. P. Munier, S. J., 22 mars 1896, sur les **Morts pour la Patrie.** — Don de l'auteur.

1009. — La **Moselle administrative**, par Edouard Sauer, 3e année 1859. Notice pour servir à la statistique monumentale du département de la Moselle.

1010. — **Plans et Devis du Musée**, par Louis Lanternier, architecte à Nancy.

1011. — Une **petite Pièce de Poésie** patriotique, par M. Hint, de Saint-Mihiel.

1012. — **Pensées du soir** au bord de la Mer. Poésie par Gustave Guesney, à Asnières-Paris. Dédiée à l'abbé Faller, curé de Mars-la-Tour.

1013. **Chant de 1re Communion**, par le même et dédié au même.

1014. — **Pièces de poésie**, par M. l'abbé Staub, ancien aumônier militaire.

1015. — **A mes hommes qui sont morts**. Pièce de poésie d'un capitaine.

1016. — Pièce de poésie contre les **Insulteurs de l'Armée**, par F. Orse. — Don de l'auteur.

1017. — **Pièce de poésie**, composée au Ban-Saint-Martin le 26 octobre 1870, intitulée : A notre ami Nouvion, lieutenant de gendarmerie, à l'occasion de sa nomination au grade de Chevalier de la Légion d'honneur. — Don de M. Lefranc, brigadier de gendarmerie en retraite à Mars-la-Tour.

1018. — Un **Compte rendu** de la cérémonie du 16 août, fait par M. Hint Julien, de Saint-Mihiel.

1019. — **Rapport de Jules Favre**, ministre des affaires étrangères, du 21 septembre 1870, à ses collègues.

1020. — Aux **Electeurs français**. La Constituante de 1871. Copie faite à la main. — Don de M. Biron, de Metz.

1021. — **Divers renseignements** fournis par M. Gigout, avocat à Dijon.

1022. — **Ambulance du Sacré-Cœur à Metz**. Regitres du mouvement des malades.

1023. — **Discours** prononcé aux obsèques du général Réverony par le général Moris. — Don de Mme la générale Réverony, avec un article de la « Croix Meusienne », du 24 septembre 1899, sur les obsèques de son mari à Verdun.

1024. — **Diverses pièces de poésie**, faites par des blessés dans la Maison des Orphelins à Metz. -- Don de Mme la Supérieure.

1025. — **Discours** qui devait être prononcé le 16 août par le délégué de Bar-le Duc et qui a été interdit par la censure de M. Chocarne, sous-préfet de Briey.

1026. — **Pièce de poésie** d'Emile Simon, de Verdun, pour le 16 août 1897.

1027. — **Notice biographique sur le général Ducrot.** — Don de la famille.

1028. — **Compte rendu** de la 1re cérémonie du 16 août 1872, à l'église de Mars-la-Tour. Se trouve dans le grand carton n° 768, consacré aux comptes rendus des anniversaires du 16 août.

1029. — Une brochure fort intéressante intitulée : **Au poteau frontière !** — Don de M. Flaurent, rédacteur dans plusieurs journaux de Reims, avec cette inscription : A M. le curé de Mars-la-Tour, hommage de mon profond respect. Paul Flaurent.

1030. — **Guirlande de souvenirs poétiques** dédiés à M. le chanoine Faller par Numa Mathieu demeurant à Rouvrois-sur-Othain (Meuse).

1031. — Un épisode de l'invasion allemande dans les Vosges : **Rambervillers** 9 octobre 1870. — Don de Mme Michel, femme du chef de gare de Mars-la-Tour.

1032. — **Ouvrage allemand** offert par Franz, v. Clavé-Bonhaben-Vellin, premier lieutenant dans l'Armée allemande en 1870.

1033. — Un petit livre relié intitulé : **Vade mecum** en allemand et en français, laissé pendant la guerre de 1870 par un aumônier allemand chez M. l'abbé Dupuis, curé d'Eudiomont (Meuse) devenu plus tard chanoine honoraire, curé-doyen de Clermont-en-Argonne. — Don de M. le chanoine Dupuis.

1034. — Un livre broché : l'**Invasion**. Souvenirs et Récits, 21e édition par Ludovic Halévy de l'Académie française. — Don de M. von Holl, procureur du Roi au Tribunal de Cassel (Province de Nassau).

1035. — L'Album **annuaire de l'Armée Française** pour 1906. Offert à M. le curé Faller par l'auteur Roger de Beauvoir.

1036. — **Jeanne d'Arc** in-4° doré sur tranche, reliure marocain rouge, nombreuses gravures 1877. 3e édition par H. Wallon, secrétaire perpétuel de l'Académie des Inscriptions

et Belles-Lettres. — Don de M. le chanoine Faller curé de Mars-la-Tour.

1037. — **Un ouvrage allemand sur la guerre de 1870**, par Ch. Ruckert. — Don de l'auteur, avec dédicace à M. l'abbé Faller, curé de Mars-la-Tour. Beau volume, riche reliure. Adresse de l'auteur : Charles Ruckert, 2, Wiesbaden (Allemagne.

1038. — Un bel ouvrage intitulé : **Sur les côtes de la Meuse**, avec cette dédicace de l'auteur Jean Saint-Yves. « A M. le chanoine Faller, curé de Mars-la-Tour qui s'est livré à la glorification des vaincus « de jadis », pour son œuvre admirable, très respectueux et filial hommage. Jean Saint-Yves, 1906. — Don de l'auteur : Edmond Meau, capitaine de chasseurs à pied. Jean Saint-Yves est son nom en littérature.

1039. — Un volume : **Au temps du Panache** de Henri d'Estre. Dédicace : A M. l'abbé Faller, curé de Mars-la-Tour. En souvenir de ma visite du 8 juin 1906. Respectueux hommage de l'auteur : lieutenant H. Dufestre, de l'Ecole de Guerre.

1040. — **Histoire de la Garde Impériale.** Grand in-8° fort bien relié et richement illustré. — Don de M. Amédée Sormet, employé au chemin de fer, demeurant au Raincy (Seine-et-Oise).

1041. — **Anniversaire de Gravelotte à Paris.** Discours prononcé à N.-D., le 16 août 1906. — Don de l'auteur : l'abbé Georges Ambler, vicaire à Saint-Michel de Paris.

1042. — **Salut à l'Alsace-Lorraine.** Allocution vibrante du plus pur patriotisme, adressée au 29e bataillon de chasseurs à pied, le 7 septembre à Tronville, près Mars-la-Tour, sur la frontière, par le général Couturier, ancien commandant du 1er bataillon de chasseurs à pied à Verdun, actuellement commandant la 42e division d'infanterie à Verdun.

1043. — **Divers documents** au nombre de six sur Strasbourg en 1870, etc. — Don de M. E. Speckt.

1044. — **Le Carnet-journal de captivité** de Victor Petitjean, soldat du 2e génie. Mobile de la Meuse. Très curieux. — Don de l'auteur demeurant à Loisey (Meuse).

1045. — Le **Diplôme** du même, à lui, décerné par la Société des Vétérans de terre et de mer.

1046. — Le même **diplôme** de la dite Société, décerné à Etienne Toussaint, mobile de la Meuse.

1047. — **Carnet de campagne de 1870-71.** de Léon Cosnefroy. Récit copié 33 ans après et imprimé, formant un livre bien relié, avec cette dédicace : à M. l'abbé Faller, en souvenir de notre visite des champs de bataille de Gravelotte et du musée de Mars-la-Tour, 17 juillet 1907. Signé : le président des Combattants de Gravelotte, C. Doudeau ; le vice-président : Léon Cosnefroy, ex-maréchal des logis fourrier au régiment d'artillerie montée de la Garde Impériale, en 1870.

1048. — **Dix ans du Souvenir français** en Lorraine. 50 gravures et 9 planches hors texte. Bel in-8° broché. — Don de l'auteur : M. Emile Badel de Nancy.

1049. — **Etat nominatif** par affaires et par corps des officiers tués ou blessés dans la première partie de la campagne de 1870, du 25 juillet au 29 octobre, par Martiniez. Belle brochure bien documentée. — Don de M. le chanoine Faller.

1050. — **Poésie** fort touchante écrite en mémoire de son frère Armand Rebouché, tué au combat de Rambervillers (Vosges), 9 octobre 1870, par sa sœur Marie-Anna Rebouché, religieuse de la Doctrine chrétienne, en exil à Virton (Belgique) quand elle a écrit ces lignes, 26 septembre 1907.

1051. — **Sermons français** prêchés dans l'église militaire de Coblentz devant les officiers français prisonniers de guerre et à la chapelle du camp de Pétersberg devant les soldats français captifs, par l'abbé La Bouille, aumônier militaire et aumônier du fort de Queuleu, pendant le blocus de Metz. Feuilles manuscrites volantes, intéressantes à lire. — Don de M. l'abbé Perret, curé de Moutiers, près de Briey.

1052. — **Un discours** prononcé par M. l'abbé La Bouille, à la distribution des prix du Collège de Belvès (Dordogne). — Don du même.

1053. — Une brochure intitulée **« Mars-la-Tour et ses Souvenirs »** donnée à la bibliothèque militaire du musée, par M. le chanoine Faller.

1054. — Une petite brochure « **Le Rêve. Au cimetière de Saint-Privat** », très touchante, digne d'être lue, composée par le lieutenant Duthoit du 9ᵉ bataillon de chasseurs à pied à Longwy. — Don de M. le comte Fernand de Saintignon, maître de forges à Longwy-Bas.

1055. — Historique du **69ᵉ régiment d'infanterie**, offert au musée le 13 août 1908, par M. Wiseux, ancien officier, combattant de 1870.

1056. — **Manuel du soldat chrétien** ayant appartenu à Alfred Gobert, garde mobile, prisonnier de guerre du 29 octobre au 16 mars 1870-71, interné à Coblentz. — Don de son fils demeurant à Épiez (M.-et-M.).

1057. — Un magnifique ouvrage intitulé « **La Lorraine et ses champs de batailles** », par J.-P. Jean, délégué de l'Œuvre des tombes, promoteur et président de l'Œuvre de Noisseville, demeurant à Vallières. — Don de l'auteur à M. l'abbé Faller qui l'a donné au musée.

1058. — Une brochure intitulée « **Origine de Passavant et récit du massacre des Mobiles** de la Marne en 1870 », par l'abbé Patoux, ancien curé de Passavant. — Don de l'auteur.

1059. — La **Guerre franco-allemande. Pont-à-Mousson pendant l'invasion,** 12 août 1870, 2 août 1873. Manuscrit fort intéressant de 65 pages, orné de gravures. — Don de l'auteur, M. Henri Charaux, homme de lettres, demeurant à Pont-à-Mousson, 20 octobre 1908.

1060. — **Un numéro** (nov. 1908) de l'Œuvre de Saint-François de Sales avec une notice biographique sur l'abbé Fortier, aumônier militaire en 1870, et son attitude héroïque à la bataille de Rezonville.

1061. — Les prisonniers français à **Kalk et au Gremberg,** près Cologne, par l'abbé Deblaye, professeur au Petit-Séminaire de Pont-à-Mousson, 1871. Un livre broché in-8º. — Don de M. Ch. Marchal, serrurier à Pont-à-Mousson (M.-et-M.).

SIXIÈME SECTION

Armes et divers Souvenirs de Guerre

1062. — Un **sabre français** d'artillerie avec son fourreau. Champ de bataille du 16 août.

1063. — Un **fourreau de sabre** de hussards français, trouvé sur le plateau de Ville-sur-Yron. — Don de Charles Crosse de Mars-la-Tour.

1064. — **Fusil à piston** transformé en carabine 1870. — Don de M. Niarquin membre de l'Œuvre de Mars-la-Tour, Paris.

1065. — **Sabre allemand de cavalerie** avec son fourreau. Champ de bataille du 16 août.

1066. — **Sabre** du commandant Dominique, placé sous son portrait. — Don de Mlle Céline Martin, sa belle-sœur.

1067. — **Sabre allemand** d'artillerie avec son fourreau. Champ de bataille du 16 août. — Don de M. Weiss, commissaire spécial de la gare de Valence (Drôme).

1068. — **Sabre allemand** de cavalerie, sans son fourreau et sans sa garde. — Don de M. Joseph Aubertin de Nancy.

1069. — **Sabre-baïonnette**, modèle 1866 n° 90686. — Don de M. Lequeux vice-président fondateur de l'Œuvre de Mars-la-Tour à Paris.

1070. — **Sabre de cavalerie** allemande trouvé dans les décombes de l'incendie de la ferme de Flavigny le 16 août. La poignée est brûlée, pas de fourreau. — Don de M. J. Prévot de Tronville.

1071. — **Sabre allemand** de cavalerie, trouvé sur le plateau d'Yron 16 août 1870. — Don de M. Bougenel, demeurant à la Ville-aux-Prés, commune de Ville-sur-Yron.

1072. — **Sabre d'infanterie** française, en usage avant le sabre-baïonnette. — Don de M. Langlois de Paris.

1073. — **Sabre d'adjudant** d'infanterie 1870. — Don de M. Niarquin, membre de l'Œuvre de Mars-la-Tour à Paris.

1074. — Une petite **panoplie** de cinq sabres de cavalerie, tant français qu'allemands avec 2 fourreaux.

1075. — Un **Sabre d'officier** allemand. — Don d'un annexé.

1076. — Un **Sabre** allemand du génie. — Don de M. Florentin jeune de Mars-la-Tour (M.-et-M).

1077. — Un **Sabre français** d'officier d'infanterie. — Don de M. Dieudonné, de Chambley.

1078. — Un **Sabre français** d'officier d'infanterie. — Don de M. Auguste Biron.

1079. — Un **Sabre de dragon** français du 18 août. — Don de M. Noirel de Sainte-Marie-aux-Chênes.

1080. — Deux **fourreaux.**

1081. — Un petit **ratelier de 3 fusils.**

1082. — 1° Un **fusil allemand,** ramassé par le donateur le lendemain de la bataille de Borny 14 août tout près de l'allée de sapins qui conduit à la ferme de Colombey et que les Allemands appellent : le Chemin de la Mort. — Don de M. le Docteur Lorey, médecin en chef du ministère des Affaires Etrangères.

1083. — 2° Un **fusil allemand,** mêmes renseignements et même donateur que le précédent.

1084. — 3° Un **fusil bavarois**, modèle Sodewil 1870-71. — Don de M. Erpeldinger de Metz.

1085. — Un **clairon allemand** trouvé aux environs de Metz. — Don de M. Vuillaume de Longeville-lès-Metz.

1086. — **Schapska** 1870 d'un lancier de la Garde du roi Guillaume : *suum cuique*, 1er régiment. — Don de M. Erpeldinger, de Metz.

1087. — **Sabre** du colonel Amadieu du 75e de ligne tué le 16 août, inhumé dans la crypte du monument national. — Don de sa veuve.

1088. — **Ceinturon** de Léopold Charles comte de Mondion sous-lieutenant au 23e de ligne. Offert au Musée par son frère le comte de Mondion.

1089. — **Croix d'honneur** de Jean Louis Jacquemin, capitaine d'infanterie. Très beau cadre. — Don de sa fille Mme Goussin de Metz.

1090. — Un **chassepot**, 16 août. — Don de M. Nicolas, de Porcher.

1091. — Un **chassepot**. Blocus de Metz. — Don de Mme Hennocque, de Longeville-les-Metz.

1092. — **Epée** d'un chef de musique 1870.

1093. — **Jambe mécanique** de Pierre Philippe Génin, adjudant au 15ᵉ bataillon de chasseurs à pied, amputé de la jambe gauche par suite d'un éclat d'obus reçu le 1ᵉʳ septembre 1870 à Sedan, décédé à Labeuville (Meuse) près Mars-la-Tour. — Don de la famille.

1094. — Un **fourreau** de sabre de cavalerie française. — Don de M. J. François Prévot, de Tronville.

1095. — **Jambière** en fil de fer pour maintenir les jambes cassées. Provenant de l'ambulance chez Mme Savalle, de Mars-la-Tour.

1096. Deux **gouttières** en fer blanc pour maintenir les bras cassés. Provenant de l'ambulance du château de Vernéville. — Don de M. Léger, garde-chasse au château de Vernéville.

1097. — Deux grandes **gouttières** en zinc pour maintenir les cuisses et les jambes cassées, provenant de l'ambulance de Doncourt — Don de M. l'abbé Wolff, curé de la paroisse.

1098. — **Sabre** d'infanterie allemande de la Garde qui a reçu une balle française à la poignée. — Don de M. Dirberger, maréchal des logis de gendarmerie à Pagny-sur-Moselle-

1099. — Un **Ceinturon** de cavalerie française. — Don de M. Vigel Jacques, de Mars-la-Tour.

1100. — Un **Ceinturon** d'un soldat du 75ᵉ de ligne. Champ de bataille du 16 août.

1101. — Une **Sabretache** allemande. Champ de bataille du 16 août. — Don de M. Vigel Jacques, de Mars-la-Tour.

1102. — **Sabre** de pionnier allemand avec son fourreau, trouvé à Auboué, près Briey, en 1870. — Don de M. Pierre Lehmann, préposé des douanes en retraite, employé aux usines de Homécourt-Jœuf.

1103. — Un **piquet d'attache** pour les chevaux, trouvé sur le champ de bataille du 16 août. — Don de M. Charles Crosse.

1104. — Un **piquet d'attache** pour les chevaux, trouvé sur le plateau d'Yron, près de Grisières. — Don de M. Charles Poirot, de Ville-sur-Yron.

1105. — Un **piquet d'attache** pour les chevaux, 16 août. — Don de M. François Prévot, de Tronville.

1106. — Un **Casque** de soldat prussien mort à Nancy. — Don de M. Gérard, président de plusieurs sociétés à Nancy.

1107. — Un ratelier de **3 chassepot**.

1108. — Un chassepot.

1109. — Un chassepot.

1110. — Un chassepot.

1111. — Un ratelier de **3 chassepots.**

1112. — Un chassepot.

1113. — Un chassepot.

1114. — Un chassepot.

1115. — Un ratelier de **3 chassepots**.

1116. — 1er, chassepot. — Don de M. Emile Godard.

1117. — 2e, chassepot, fusil modèle 1866. — Don de M. Lequeux, vice-président de l'Œuvre de Mars-la-Tour, à Paris.

1118. — 3e, chassepot, modèle 1866. — Don de M. Langlois, président-fondateur de l'Œuvre de Mars-la-Tour.

1119. — Une **baïonnette allemande**. Le manche est tordu. — Don de M. Haine, de Mars-la-Tour.

1120. — Un **Fourreau de baïonnette** chassepot, écrasé à son extrémité. Bataille du 16 août.

1121. — **Sabre d'adjudant** d'infanterie française, portant à la lame plusieurs entailles, marques des coups reçus. Trouvé près de Vionville.

1122. — **Sabre du baron** Auguste de Neukirchen de Nyvenheim, sous-lieutenant aux lanciers de la Garde. Poignée en ivoire, lâme triangulaire. Le fourreau manque, ayant été brisé dans la chute de l'officier et resté sur le champ de bataille du 16 août. — Don de son frère M. le baron de Neukirchen de Nyvenheim au château de Sedières (Corrèze).

1123. — **Casque prussien** recueilli après le combat de Choisy-de-Roi. Siège de Paris 1870. — Offert par le docteur Lorey, de Paris.

1124. — Une **Mangeoire en toile** pour les chevaux. 16 août 1870. Don de M. Jacques Vigel, de Mars-la-Tour.

1125. — Un **Filet** de cavalerie allemande. — Don de M. Roger, de Bussières, commune de Chambley

1126. — **Sabre d'artillerie** allemande à pied. Champ de bataille du 18 août. — Don de M. François Jacquin, de Ville-sur-Yron.

1127. — **Sabre** du capitaine Lhermite, 84e de ligne. — Don de sa veuve.

1128. — **Sabre** du commandant Collignon du 32e de ligne, tué à Flavigny, le 16 août.

1129. — **Sabre allemand** de cavalerie. — Don de M. Vavasseur, ancien combattant de Gravelotte, membre d'honneur de l'Œuvre de Mars-la-Tour, à Paris.

1130. — **Sabre baïonnette** d'un fusil chassepot. 26e de ligne, encore muni de son ceinturon, trouvé près de Metz après la capitulation par le donateur : M. Munier, de Fillières.

1131. — Une **Baïonnette**, fusil à piston. — Don de M. Langlois, de Paris.

1132. — Une **Gourde** de cuirassiers français, trouvée sur le plateau d'Yron. — Don de M. Nachbar, de Ville-sur-Yvon.

1133. — **Porte-gamelle**, en cuir, de cavalerie française. — Don de M. Aurélie Roger, de Bussières.

1134. — **Casque** d'un dragon français. — Don de M. Villard, de Pont-à-Mousson.

1135. — **Cuirasse** française. — Don de M. Mathieu, chef de gare à Mars-la-Tour.

1136. — **Sabre avec son fourreau** d'Alexandre François, capitaine adjudant-major au 2e chasseurs d'Afrique, blessé mortellement à Ladonchamps. — Don de son frère, propriétaire à Rouves.

1137. — **Epée et fourreau** de son grand-père, officier de la Garde nationale. — Don du même.

1138. — **Cuirasse allemande** et **casque** de cuirassier du régiment de Bismarck, 7e régiment. — Don de M. Noirot, loueur de voitures à Metz.

1139. — **Hausse-Col** d'Edouard de Tregomain, capitaine au 67e, tué le 16 août. — Don de la famille.

1140. — **Epaulettes** d'Arthur Grassat, lieutenant du génie, mort à Metz en 1870. Grand cadre ovale. — Don de sa sœur.

1141. — **Epée** d'Arthur Grassat. — Don de la même.

1142. — **Sabre baïonnette**, modèle 1866, nᵒ 30445. — Don de M. Langlois, président-fondateur de l'Œuvre de Mars-la-Tour.

1143. — **Sabre-baïonnette**, modèle 1866, nᵒ 97759. — Don du même.

1144. — Une **Gourde** allemande, 16 août 1870. — Don de M. Gendarme, greffier de paix à Thiaucourt (M.-et-M.).

1145. — **Sabre** de Georges-Thomas de Maussion, capitaine au 2e hussards, mort de ses blessures à Doncourt, près Mars-la-Tour. — Don de sa veuve.

1146. — **Giberne**, du même. — Don de la même.

1147. — **Casque** d'un soldat du duc de Mecklembourg-Strelitz.

1148. — **Selle française**. Batailles autour de Metz. — Don de Mme Chardard, de Queuleu.

1149. — Autre **Selle française**. — Don de la même.

1150. — **Montre et décorations** du médecin-major Beurdy, tué le 16 août en soignant sur le champ de bataille des blessés français à Rezonville.

1151. — Un **Sceau** de campagne en tôle, trouvé en Chambière à Metz. — Don de la famille Villard.

1152. — **Bonnet de police, hausse-col, ceinturon** et **épaulettes** de Duhoux de Crévecœur, sous-lieutenant au 1er régiment de Voltigeurs de la Garde, né à Labry, près Mars-la-Tour. Don de M. Michel, demeurant à Labry.

1153. — Petite **Croix de la Légion d'honneur** de Pierre-Philippe Génin, adjudant au 15e bataillon de chasseurs à pied, blessé et amputé d'une jambe à Sedan, né à Labeuville

(Meuse). Don de son parent M. Nicolas, sculpteur à Mars-la-Tour.

1154. — **Caisson d'Artilerie** française, 12e régiment d'artillerie. Champ de bataille du 18 août. — Don de M. Gény, propriétaire à Bruville.

1155. — Des **mors** et **brides** de chevaux français. — Don de M. Vuillaume, demeurant à Longeville-les-Metz.

1156. — Deux longs **morceaux de bois** rongés par les chevaux n'ayant plus d'avoine dans la grande écurie de M. Vuillaume, à Longeville-les-Metz, où se trouvaient 300 chevaux du 8e régiment d'artillerie française. — Don du même.

1157. — Un **Coussinet de rail** de chemin de fer, jeté dans la Chiers en 1870 par les Allemands lorsqu'ils coupaient la voie ferrée près de Viviers-sur-Chiers, canton de Longuyon. Retiré de la rivière en 1903 par M. l'abbé Kern, curé de l'endroit et donné par lui au Musée.

1158. — **Casque** d'un soldat saxon. — Offert par M. Faure le Page, de Paris.

1159. — **2 brides allemandes**. Champ de bataille du 16 août. — Don de M. Aurélie Roger, demeurant à Bussières, commune de Chambley.

1160. — **Sabre et giberne** de Jules Ragot, capitaine d'artillerie, né à Conflans (M.-et-M.). — Don de sa sœur.

1161. — Une paire **de bottes** d'un chasseur à cheval français encore garnies de ses éperons, provenant du champ de bataillle du 16 août. — Don de M. Nicolas de Porclier, commune de Brainville (M.-et-M.).

1162. — Une **malle** d'état-major — 23. Lieutenant, trouvée près de Metz, après la capitulation. — Don de Mme Villard et de ses filles à Pont-à-Mousson.

1163. — Deux **gamelles** d'infanterie.

1164. — Un **cacolet**, bataille du 18 août. — Don de M. Noirel, propriétaire à Sainte-Marie-aux-Chênes.

1165. — Un **caisson français** du 12e régiment d'artillerie, trouvé, après le 18 août, près de la ferme de Montigny-la-Grange, commune d'Amanvillers. — Don de M. Ernest Methlin, propriétaire à Saint-Marcel.

1166. — **Harnais** de mulet pour cacolet. — Don de Mme Chardard, de Queuleu.

1167. — **Trousse à boutons** du brigadier Alphonse Dupuis, du 2ᵉ régiment du chasseurs à cheval, à l'armée de Metz et en captivité à Wesel (Prusse rhénane). On y voit encore 2 grosses épingles et 4 boutons de rechange.

1168. — **Schapska** d'un uhlan bavarois, régiment du Roi, champ de bataille de Sedan. — Don de M. Erpeldinger, de Metz.

1169. — **Une épée avec son fourreau** offerte par M. Langlois, de Paris, ancien combattant de Gravelotte.

1170. — **Sabre** de garde national, 1870, blocus de Metz.

1171. — **Baïonnette** allemande avec son fourreau, champ de bataille du 16 août. — Don de M. Jean Prévot, de Tronville.

1172. — 2 paquets **de piquets de tente** françaises. — Don de M. Ernest Methelin, propriétaire à Saint-Marcel.

1173. — **Epée** de l'adjudant Théophile Dion, né à Mars-la-Tour. — Don de sa veuve.

1174. — **Sabre de hussard prussien** trouvé, en 1890, dans le petit bois de la ferme de Lagrange à Ville-sur-Yron. — Don de M. Charton, de Ville-sur-Yron.

1175. — **Sabre-baïonnette** de chassepot trouvé, en 1893, à Ville-sur-Yron. — Don de M. Godefroy, de Ville-sur-Yron.

1176. — **Ceinturon** que le général de Ladmirault, commandant le 4ᵉ corps d'armée, portait à la bataille du 16 août. — Don de Mme la comtesse de Rochebrochard, sa fille.

1177. — Grande **boîte** en acajou qui renfermait les appareils de chirurgie du corps des sapeurs-pompiers de Metz. — Don de M. Dargent, de Paris.

1178. — **Sabre-baïonnette** chassepot avec son fourreau, **ceinturon** et **giberne** d'un soldat du 54ᵉ. — Don de M. Hennocque, de Longeville-les-Metz.

1179. — **Canon de fusil allemand** trouvé dans le château de Ladonchamps, près Metz, par M. Jules Stef, jardinier du château, qui l'a offert à la Délégation des Combattants de Gravelotte et de l'Armée du Rhin pour le musée, 14 août 1899.

1180. — **Fusil allemand** avec sa **baïonnette**, tout dégarni de sa monture de bois. — Don de M. Jules Léger, garde-chasse, au château de Vernéville.

1181. — **Boîte de mitrailleuse** française trouvée à la Basse-Bévoye, maison de campagne du Grand-Séminaire de Metz. — Don de M. Thiel, professeur au Grand-Séminaire de Metz.

1182. — **Boîte de mitrailleuse française** vide de ses cartouches. — Don de M. Louis Robert.

1183. — **Boîte à mitraille** envoyée de Paris, encore garnie de biscayens.

1184. — **Tire-gargousse** de la pièce de siège, n° 138. — Don de M. Noirel, de Sainte-Marie-aux-Chènes.

1185. — **Fer de lance** trouvé dans la rivière de l'Yron. — Don de M. Nicolas Gaudelet, de Ville-sur-Yron.

1186. — **Fer de lance** française. — Don de M. Noirot, de Metz, loueur de voitures.

1187. — **Fer de lance** française trouvé près du bois de Rezonville, en 1882.

1188. — Un **étui** de fusil chassepot avec 3 aiguilles. — Don de M. Aurélie Royer, de Bussières.

1189. — Quantité d'**éclats d'obus** français et allemands provenant des champs de bataille des 16 et 18 août et des combats autour de Metz.

1190. — Une **cartouche** de boîte de mitrailleuse française, longueur 0ᵐ,12.

1191. — Un certain nombre de **balles** de mitrailleuses françaises, longueur 4 cm environ.

1192. — Quantité de **balles** chassepot.

1193. — Quantité de **balles** allemandes.

1194. — **Balles** de fusil bavarois.

1195. — Un morceau de **poudre** de 1870.

1196. — **64 cartouches** de la carabine des Cent-Gardes de Napoléon III.

1197. — Paquets de **cartouches** allemandes.

1198. — Paquets de **cartouches** chassepot. — Don de M. Langlois, de Paris.

1199. — Plusieurs **nécessaires d'armes** d'infanterie.

1200. — **4 fusées fusantes** d'obus français. — Don de M. Eugène Husson, de Labeuville (Meuse).

1201. — **12 couvercles d'obus** français.

1202. — Gros **éclat d'obus** du siège de Strasbourg. — Don de M. Munsch, notaire à Stenay (Meuse).

1203. — Une **boîte de balles** pour obus.

1204. — Une boîte **de biscayens**.

1205. — Un **étui d'aiguilles** de fusil allemand. — Don de M. Dumont, de Jonville.

1206. — Un **bidon** de soldat garibaldien, 1870, donné en souvenir par un soldat italien à M. Galloy, demeurant à Ville- neuve-le-Roi, qui l'a donné au musée.

1207. — **Bidon** de M. Drouet, de Fillières, mobile de la Moselle, enfermé dans Metz pendant le blocus et parti en captivité. — Don de la famille.

1208. — **Bidon** de Victor Petitjean, prisonnier de guerre, matricule 575.

1209. — **Gourde allemande** ramassée sur le champ de bataille du 16 août. Le fond de la gourde était encore rempli d'absinthe, qui s'est desséchée avec le temps. — Don de M. Bastien, professeur militaire à Rambouillet.

1210. — **Gourde** du lieutenant Saint-Girons, mort au Grand- Séminaire de Metz. — Don de M. Thiel, professeur au Grand- Séminaire.

1211. — **Gourde** française de cavalerie trouvée sur le pla- teau d'Yron, bataille du 16 août. — Don de M. Nachbar, jardi- nier, à Ville-sur-Yron.

1212. — **2 bidons** de cavaliers français, 16 août.

1213. — **3 petits bidons** d'infanterie française, 16 août. — Don de M. Prillot, de Metz.

1214. — **2 bidons** de soldats allemands, 16 août.

1215. — **Giberne** d'un officier de lancier de la Garde, 16 août. — Don de M. Quentin, de Metz.

1216. — **Cartouchière** d'un soldat du 1er de ligne. Champ de bataille du 16 août. — Don de M. Gendarme, greffier de paix à Thiaucourt (M.-et-M.).

1217. — **Cartouchière** de lancier de la Garde. — Don de Mme Chardard de Queuleu.

1218. — **Bidon** français du 16 août. — Don de M. Collignon Eugène, de Ville-sur-Yron.

1219. — **Cartouchière** française trouvé à Thiaucourt. — Don de Mme Marion, de Thiaucourt (M.-et-M.).

1220. — **Giberne** d'un soldat du 2e de ligne. Bataille du 18 août.

1221. — **Giberne** d'infanterie allemande.

1222. — **5 étuis** de ceinturon pour épée.

1223. — **Etui** de sabre d'infanterie du 91e de ligne.

1224. — **Etui** d'un petit revolver donné en 1897, par M. Grangé, préposé des douanes à Mars-la-Tour.

1225. — **Etui** d'un revolver de cavalerie trouvé sur le plateau d'Yron. — Don de M. Charles Poirot, de Ville-sur Yron.

1226. — Petite **giberne** d'infanterie allemande.

1227. — **Etui en cuir** d'un pistolet de cavalerie. — Don de Mme Chardard, de Queuleu.

1228. — **Fourreau** de baïonnette du 59e de ligne, du 16 août. — Don de M. Crosse, de Mars-la-Tour.

1229. — **Fusil à aiguille** allemand du 16 août. — Don de M. Prévot, de Trouville.

1230. — **Canon de fusil** français. — Don de M. Léger, garde-chasse au château de Vernéville.

1231. — **Lame de baïonnette** chassepot.

1232. — **Fourreau de baïonnette** du 95e de ligne avec le sabre dépourvu de la poignée.

1233. — **Fourreau de sabre d'artillerie** montée, 16 août 1870.

1234. — **Fourreau de baïonnette** chassepot trouvé au Fond de la Cuve en 1903, par Jean Marc, enfant d'hospice demeurant à Mars-la-Tour.

1235. — **Sabre d'infanterie** allemande, champ de bataille du 16 août. — Don de M. Simonet, de Mars-la-Tour.

1236. — **Fusil chassepot**, crosse brisée, 16 août. — Don de M. Battancourt, de Mars-la-Tour.

1237. — **Tronçon de sabre** allemand trouvé à Mars-la-Tour. — Don de M. Humbert aîné, de Mars-la-Tour.

1238. — **Sabre d'infanterie** allemande du 16 août. — Don de M. Charles Jacob, de Mars-la-Tour.

1239. — **Poignée de sabre** d'infanterie allemande. — Don de M. Esseling, de Dampvitoux.

1240. — **Sabre français** d'infanterie, 16 août. — Don de M. Dieudonné, de Chambley.

1241. — **Sabre de fantassin** français, 18 août 1870. — Don de M. Jules Chary, de Rombas (Lorraine).

1242. — **Fusil français** du 16 août. — Don de M. Grünfelder, capitaine de douanes à Mars-la-Tour.

1243. — **Giberne française** d'artillerie, 16 août.

1244. — **Rideau dé voiture** des corps francs, trouvé place Saint-Thiébault à Metz. — Don de la famille Villard.

1245. — **Moulin à café** allemand, trouvé sur le champ de bataille du 14 août. — Don de M. Dieudonné de Chambley (M.-et-M.).

1246. — **Hache de sapeur** du génie français, 16 août. — Don de M. Cordier, maréchal-ferrand à Mars-la-Tour.

1247. — **Croix** venant de l'ancien cimetière de Saint-Privat, dévasté pendant la bataille du 18 août. — Don de M. Lacroix, ancien combattant de Gravelotte à Paris.

1248. — Petite reproduction en bois sculpté de **l'autel** du camp des prisonniers de guerre français devant Vésel 1870. Faite au camp de Vésel sans autre outil qu'un couteau par Victor Petitjean, tonnelier à Loisey (Meuse), ayant à peine quelques notions de dessin et de sculpture. Il était garde-mobile en 1870 au 1er bataillon de la Meuse. — Offert par lui au musée militaire.

1249. — Morceau de la **cloche de Saint-Privat** fondue dans l'incendie 18 août 1870.

1250. — **Débris d'une porte** de jardin de Saint-Privat, traversé par une balle qui y est encore. — Don de M. Vigneron de Mars-la-Tour, ancien combattant de Gravelotte au 16e de ligne.

1251. — **Balle française** ramassée le 17 avril 1871 sur le maître-autel de l'église de Saint-Privat encore tout en ruines. — Don de Mme Claude, institutrice.

1252. — **Lettre d'un soldat** du 50e de ligne, repassant à Metz au retour de captivité. On voit sur cette lettre toute animée de sentiments patriotiques, le **caillou** dont il s'est servi pour lancer sa lettre au milieu de la foule à l'Esplanade. — Don de M. Pion, étudiant en droit en vacances à Conflans (M.-et-M.).

1253. — **Barillet** de l'horloge de Bazeilles, seul fragment resté à la suite de l'incendie. — Donné par M. le docteur Emile Coliez, demeurant à Longwy. Ci-joint sa carte avec son attestation authentique de l'objet. 23 février 1900.

1254. — Un petit **mannequin** habillé en brigadier d'artillerie française. Epave de l'Arsenal de Metz où il y avait dans ce genre une collection complète de tous les uniformes français. Celle-ci est tombée à terre pendant le transport de ces objets en 1870 et a été ramassée par un passant. Le bonnet de police et l'écouvillon manquent. Ce petit mannequin de 20 cm. est articulé et se tient de lui même debout sur ses pieds — Don de M. Moreau directeur de la banque de France à Verdun (Meuse).

1255. — Un **serre-papier** formé de balles et de biscayens venant d'un fédéré et ramassé pendant la Commune de Paris dans la gare aux marchandises de la Villette, Est. — Donné par M. Emile Colombé de Commercy (Meuse).

1256. — **Boutons** du 1er régiment de Voltigeurs de la Garde. — Offerts par M. Lequeux vice-président fondateur de l'Œuvre de Mars-la-Tour à Paris.

1257. — **Boutons** trouvés sur les champs de bataille des 16 et 18 août et dans les autres combats autour de Metz, arrangés sur un cartouche. Boutons du 1er, 8e, 9e, 10e, 11e, 13e, 20e, 24e, 29e, 30e, 32e, 40e, 55e, 66e, 63e, 70e, 71e, 84e, 97e de ligne. Ceux du 29e ont été donnés par le capitaine Loyer du 29e. Boutons du 1er régiment d'artillerie, du 5e, du 15e, du génie, de la Garde, 1 bouton de l'école Normale de Metz. — Dons de diverses personnes.

1258. — Un gros **débris calciné** provenant de l'incendie de la cathédrale de Metz en 1877. — Don de Mme Gilbert de Mars-la-Tour.

1259. — Deux **morceaux de marbre** du palais des Tuileries. — Don de M. l'abbé Blondeau, curé de Sponville.

1260. — **Boutons** d'officiers des subsistances militaires, 1870.

1261. — Cinq **patères** provenant du château de Saint-Cloud incendié par les Prussiens en 1870. — Don de M. Gallois de de Villeneuve-le-Roi.

1262. — **Morceau de cloche** fondue de la chapelle du château de Saint-Cloud lors de l'incendie de ce château. — Don du même.

1263. — Deux **objets** servant d'attaches aux grands rideaux des salons du château de Saint-Cloud. — Don du même.

1264. — **Ornement** de serrure de l'un des appartements du château de Saint-Cloud. — Don du même.

1265. — **Médailles** curieuses trouvées dans les champs et données par M. Joseph Laroche fermier à Mars-la-Tour.

1re De Saint-Charles Borromée, archevêque de Milan.

2e De l'Immaculée-Conception 1830 (millesime).

3e Du B. Pierre Claver de la S. D. J. mort en soignant les lépreux.

4e De Mgr Affre, archevêque de Paris.

5e Un petit crucifix en cuivre. De chaque côté se trouve une image représentant Notre-Dame de Luxembourg.

1266. — **Médaille de Sainte-Hélène** de Nicolas Drion né à Mars-la-Tour, sergent dans la Garde de Napoléon Ier. — Don de sa fille, demeurant à Mars-la-Tour.

1267. — Une boîte ouverte contenant la **balle** et un **éclat d'obus** de 160 gr. retirés du corps d'un grenadier de la Garde.

Son portrait se trouve auprès. — Don de Mme Vve Bretzner qui a soigné ce soldat, dévouée infirmière des blessés aux ambulances de l'Esplanade de Metz.

1268. — **Permis français** accordé par M. le sous-intendant militaire Pérot à Mme Vve Bretzner pour entrer à l'ambulance de l'Esplanade de Metz en qualité d'infirmière. — Don de Mme Chardard, de Queuleu près Metz

1269. — Une boîte ronde renfermant des **boutons**.
2 Boutons de la Garde nationale mobile de Metz.
2 Boutons du 7ᵉ de ligne.
1 Bouton de l'artillerie de la Garde nationale mobile de Metz.
1 Bouton de cavalerie.
2 Boutons de l'école impériale de cavalerie.
1 Bouton du 87ᵉ de ligne.
1 Bouton du génie.
Don de M. Diot, greffier de paix à Nancy.

1270. — **Médaille de Sainte-Hélène** de Jacques Millet, né à Mars-la-Tour, officier sous Napoléon Iᵉʳ. — Don de Mme Drolet, sa petite fille demeurant à Mars-la-Tour.

1271. — Un **hausse-col** d'officier d'infanterie.

1272. — Petite **soucoupe** patriotique peinture sur porcelaine faite par M. Mœhrel peintre à Vincennes. — Don de M. Chéron de Paris.

1273. — Onze **médailles** placées dans la soucoupe précépente. Médailles de Saint-Martin trouvées sur des soldats, recueillies aux ambulances de Metz. — Données par Mme Chardard, de Queuleu, près Metz.

1274. — Deux **médailles de Sainte-Hélène** (grand et petit modèle) de J. B. Pierlot décédé à Mars-la-Tour le 13 avril 1883 âgé de 90 ans, sergent-major au 7ᵉ Léger a fait la campagne du Rhin sous Napoléon 1ᵉʳ. — Don de son fils demeurant à Mars-la-Tour.

1275. — Une **aigle** de poitrail d'un cheval de la Garde, attachée solidement sur cuir.

1276. — Une **Médaille de Sainte-Hélène**, trouvé sur le plateau d'Yron en 1870. — Don de M. Nachbar, de Ville-sur-Yron.

1277. — Un **Bouton** de la Garde, encore retenu à un bout de galon, 1870.

1278. — Un **Christ** provenant des décombres de l'incendie de Bazeilles et trouvé par M. Gendarme, greffier de paix à Thiaucourt. Les bras et les jambes du Christ sont brisés. Il ne reste que le corps ainsi mutilé par l'incendie, mais la figure a conservé une admirable expression.

1279. — **Médaille d'Italie** de Christophe Thiriot, sapeur au génie, né à Létricourt (M.-et-M.). — Don de Mme Eugénie Cuny, sa fille.

1280. — **Hausse-col** sans plaque au milieu. — Don de Mme Chardard, de Queuleu.

1281. — **Timbre** de l'Intendance militaire de Metz, laissé par les soldats allemands chez M. Jenson, d'Arnaville, qui en a fait don au Musée.

1282. — **Médaille militaire** de M. Joseph Keller, gendarme à Mars-la-Tour, où il est décédé. — Don de sa veuve, demeurant à Mars-la-Tour.

1283. — Une **Aigle de shako** du 3ᵉ régiment du génie, 1870.

1284. — Une **Aigle de shako** du 26ᵉ de ligne. — Don de Mme Chardard, de Queuleu.

1285. — Une **Aigle de shako** du 65ᵉ de ligne. — Don de M. Prillot, photographe à Metz.

1286. — Une **Aigle de shako** du 40ᵉ de ligne. — Don de Mme Chardard, de Queuleu.

1287. — Une **Aigle de shako** du 66ᵒ de ligne.

1288. — Une **Aigle de shako** du 8ᵉ de ligne. Champ de bataille de Bazeilles. — Don de M. Gendarme, greffier de paix à Thiaucourt.

1289. — Grande **Plaque de sabretache** de la Garde avec une autre beaucoup plus petite, très belles toutes les deux. — Don de M. Vavasseur, ancien combattant de l'Armée du Rhin. Membre d'honnneur de l'Œuvre de Mars-la-Tour, à Paris.

1290. — Extrémité d'un **fourreau** de baïonnette recourbée par une balle qui s'y trouve encore, 16 août. — Don de M. Jacob, de Mars-la-Tour.

1291. — Petit **morceau en cuivre de l'Aigle** du drapeau du 1er Grenadiers de la Garde qui a donné à Gravelotte. Avant de partir de Metz pour la captivité le colonel a fait scier et partager entre tous les officiers l'aigle du drapeau. C'est un de ces morceaux qui a échu à M. Joseph Chamant, alors lieutenant au 1er Grenadiers et qui a été donné au Musée par son frère M. Léopold Chamant, propriétaire à Donnelay (Alsace-Lorraine).

1292. — **Balle** transformée en sabot. Don de M. Huguet, de Paris, du 90e de ligne qui a ainsi transformé en sabot la balle qu'il avait reçue dans la cuisse le 16 août et qu'il a emportée avec lui en captivité où il a fait ce travail curieux.

1293. — **Jumelle** du capitaine Drappier du 90e de ligne, tué près de la ferme de Leipsich le 18 août 1870. Elle est un peu bosselée par la chute de l'officier. — Don de M. l'abbé Esselin, curé de Béchamps (M.-et-M.).

1294. — **Embouchure** du clairon dont s'est servi à la bataille de Gravelotte M. Baligny du 1er régiment de Voltigeurs de la Garde. — Don de M. Baligny, demeurant à Franconville, président de l'Œuvre de Mars-la-Tour, section de Franconville.

1295. — **Médaillon patriotique** refermant une petite médaille de saint Joseph et une mèche de cheveux, provenant d'un officier français, inhumé à Thiaucourt (M.-et-M.).

1296. — **Médaille** en bronze du Plébiscite du 2 décembre 1851. Devenue rare. — Don de M. Piquemal, représentant de commerce à Reims.

1297. — Un **pupitre** et un **bec de clarinette**, 16 août 1870. Musique du 66e de ligne. — Don de M. J. Machin, de Paris.

1298. — Un **paquet de tabac** encore intact, muni du timbre de la régie de Strasbourg, trouvé à l'époque de la guerre dans la musette d'un soldat français à Katzenheim, près Strasbourg. — Don de M. Franck, employé de commerce à Saint-Mihiel.

1299. — **Médaille commémorative** de la construction de la Cathédrale de Strasbourg. Médaille trouvée dans un champ de Ville-Cloye (Meuse), donnée par M Louis Maire, de cette commune. On voit d'un côté la Cathédrale et de l'autre une inscription encore bien lisible.

1300. — **Cendrier allemand** avec carabine Dreyse en travers, pour recevoir les cendres des cigares. — Don de M. Chéron, de Paris.

1301. — **Tabatière** (garniture en argent), de l'adjudant André, de Metz. — Don de son petit-fils, demeurant à Metz.

1302. — **Breloque**, ramassée à Spickeren. — Don de M. Bastien, professeur à l'Ecole militaire de Rambouillet.

1303. — **Chapelet**, trouvé sur le champ de bataille du 16 août 1870. — Don de M. Colette, maître-d'hôtel à Mars-la-Tour.

1304. — **Aigrette** du colonel Amadieu du 75e de ligne, tué le 16 août et inhumé dans la crypte du monument national. — Don de sa veuve.

1305. — **Clef de caisson**, 1870. — Don de Charles Brohard, artificier au 13º d'artillerie. Gravelotte 1870.

1306. — **Cachet de commissaire de police**, ayant appartenu à L. Deny, commissaire de police jusqu'à la reddition de Metz, père de Mme Koch-Deny, institutrice à Paris. C'est au moyen de ce cachet que M. Deny a donné des passeports à un grand nombre de jeunes gens qui ont pu de la sorte se rendre en France. — Don de sa fille Mme Koch-Deny.

1307. — **Broderie** de la housse d'un cheval de la Maison de l'empereur. — Don de M. Prosper Germain, demeurant à Paris.

1308. — **Médaille militaire**, trouvée en 1871, à Halanzy (Belgique). — Don de M. Victor Demange, Belge.

1309. — **Couteau de poche**, trouvé sur le champ de bataille du 16 août. — Don de M. Goussin, de Metz, demeurant à Nancy.

1310. — **Pipe** espagnole en porcelaine, du capitaine François Manson. — Don de son neveu M. Rossignol, ancien sous-officier.

1311. — **Médaille commémorative** du blocus de Metz, ornée de belles inscriptions, artistement gravée par M. Bellevoye, Messin, domicilié à Reims.

1312. — **Plumet** d'un chapeau d'état-major.

1313. — **3 aigles** de shako ayant appartenu au capitaine Lerebours, tué le 18 août. Indication des régiments dont il a fait partie : 12e de ligne, 35e, 102e de marche. — Don de la famille.

1314. — **Epinglettes** (prix de tir) du sergent-major François du 33e de ligne, blessé à Servigny le 31 août et mort à Metz chez sa mère. — Don de son frère, marchand de fer à Metz.

1315. — **Médaille de bronze** commémorative du siège du Toul. — Don de M. Bouchez-Génin, négociant à Toul.

1316. — Un **fragment de la cloche** de l'église de Peltre, brulée en 1870, ramassé quelques jours après l'incendie. — Don de M. et Mme Jules Noirel, de Nancy.

1317. — **Médaille** de Mgr Dupont des Loges, évêque de Metz. Médaille gravée et offerte par M. Bellevoye, graveur messin, demeurant actuellement à Reims.

1318. — **Débris de flûte** de soldat français. — Don de Mme Villard, de Pont-à-Mousson.

1319. — **Balle de chassepot**, complètement aplatie et arrondie en toute sa surface. — Don de M. Jacob, de Mars-la-Tour.

1320. — **Fragment de la couverture** en cuivre de la cathédrale de Strasbourg, fondue par l'incendie pendant le bombardement. — Don de M. Léon Thiot, dessinateur à Epinal.

1321. — **2 morceaux de bois** traversés par une balle qui a été sciée en deux, lorsque les ouvriers ont coupé l'arbre. — Don de M. Demoncel, de Mars-la-Tour.

1322. — **Bidon de la cantinière** du 77e, trouvé auprès de Metz, après la capitulation. — Don de Mme Villard, de Pont-à-Mousson.

1323. — **Morceau de bois scié** contenant un débris en plomb d'obus allemand, venant du château de Ladonchamps, près Metz. — Don d'un ouvrier du château.

1324. — **Carnet et porte-monnaie** de Charles Noirclerc, caporal au 67e, né à Xermaménil (M.-et-M.), blessé le 16 août et mort de ses blessures à Frœschwiller, en route pour la captivité, le 15 septembre 1870. — Don de la famille. Le carnet renferme écrite au crayon une lettre adressée à ses parents, datée de Vionville le 24 août 1870.

1325. — **Carnet** d'un jeune soldat du 7e de ligne, nommé Arthur, le nom de famille est illisible, il commence par Ros, le reste est effacé. Il a écrit sur son carnet qu'il a été blessé le 14 août à Colombé, près Metz. Ce carnet contient deux images et le portrait de Pie IX.

1326. — Joli **porte-monnaie** d'Ernest Robert, des chasseurs d'Afrique, tué le 12 août 1870 à Pont-à-Mousson. — Don de sa sœur, Mme Vve Lelarge.

1327. — Une **dépêche de ballon,** non utilisée. — Don de M. Lucien Gendarme, banquier à Paris.

1328. — **Bon de boucherie** pendant le siège de Paris. Signé : Carnot, maire du viiie arrondissement. — Don du même.

1329. — **Morceau de pain** du blocus de Metz. — Don de Mme Adam, de Metz.

1330. — Un autre **petit morceau** de pain du blocus de Metz dans un flacon. — Don du commandant de Saint-Gervais.

1331. — Petit **morceau de pain** du siège de Paris. — Don de M. Alfred Maillard, docteur en médecine, à Pagny-sur-Moselle.

1332. — Autre **petit morceau** de pain du siège de Paris. — Don de M. Gilland, de Conflans (M.-et-M.).

1333. — **Médaille** trouvée près de l'église en 1901, en faisant des fouilles. Curieuse et bien conservée. — Don de M. Eugène Bastien, de Mars-la-Tour.

1334. — **Dépêche de ballon,** datée du camp de Metz, le 16 septembre 1870. « Mon cher frère. Je t'envoie de mes nouvelles par un ballon. Je me porte très bien. Embrasse notre père ainsi que ta femme et tes enfants pour moi ». Signature illisible. Il y a écrit tout en bas de la dépêche : reçu le 29. Cette dépêche a été soigneusement encadrée par le donateur.

1335. — Morceau du **drapeau rouge** enlevé sur la Bourse de Paris, le 24 mai 1871, à 6 heures du matin, après la prise de la barricade par la ligne. — Don de M. Gilland, de Conflans.

1336. — Une petite **boîte et trousse** de pharmacie militaire.

1337. — **Livret militaire** de Jules Victor, du 37e de ligne, trouvé sur lui et tout taché de sang. — Don de Mlle Berthe Adnot, de Neufchâteau (Vosges).

1338. — **Livret militaire** de Pierre Hébrard, du 93e de ligne. Don de M. Koch, propriétaire à Jarny.

1339. — **Livret militaire** d'Emile Darcheville, du 33e de ligne. — Dans ce livret, il se trouve une lettre très bien écrite de sa cousine Henriette Brotteau. — Don de M. Koch, de Jarny.

1340. — **Livret militaire** de Louis-Alexandre Lanque, du 16e de ligne ou 57e de ligne (car il y a une correction au chiffre 16 qui indique 57e), trouvé sur le champ de bataille du 16 août. — Don de M. Ernest Messatte, de Mars-la-Tour, lieutenant au 23e bataillon de chasseurs à pied.

16 livrets militaires de soldats soignés à l'ambulance de Jarny et décédés la plupart en cette localité. — Dons de la commune de Jarny.

1341. — 1o de Vincent Blaise, du 1er de ligne.

1342. — 2o d'Antoine Dubéarné, lancier de la Garde ou il a été nommé maréchal des logis chef, le 23 mars 1870. Ce livret étant rempli, il en a un autre à son nom, qui n'est que commencé.

1343. — 3o un bouton du 10e d'artillerie trouvé par un enfant en 1909, près de Tronville. Champ de bataille du 16 août.

1344. — 4o de Jacques Toussaint-Guémas, lancier de la Garde.

1345. — 5o de Louis-Octave Bazerque, lancier de 1re classe dans la Garde Impériale.

1346. — 6o de Georges-J.-B.-Timothée Rigaut, du 3e régiment de dragons. Ce dragon, déposé dans la loge de la pompe, y est décédé à 6 h. du soir, vendredi 19 août 1870.

1347. — 7o d'Isidore Couget, caporal au 1er de ligne, a fait partie du corps expéditionnaire de Rome et a reçu la médaille instituée par Sa Sainteté le Pape IX.

1348. — 8° de Jean-Célestin Humbert, lancier de la Garde de 2ᵉ classe.

1349. — 9° de Robert Lequeux, caporal au 1ᵉʳ voltigeurs de la Garde.

1350. — 10° de Charles Noirclerc, caporal au 67ᵉ de ligne, né à Xermaménil (M.-et-M.), canton de Gerbéviller. Dans ce livret se trouve une double liste des soldats de son escouade avec leurs notes :

1. J.-B. Dubourdieu, bon marcheur, propre soldat, tireur de de 1ʳᵉ classe.

2. Henri-Jean Page, bon soldat, en semestre.

3. Paul Armand, bon soldat, belle tenue.

4. Joseph Jenevein, élève caporal, bon tireur, bon soldat.

5. Paul Lehnert, bon marcheur, bon soldat, bon tireur.

6. Jean-Pierre Cler, bon marcheur, obéissant, bon tireur.

7. J.-B.-Honoré Denussy   »   »   »

8. François Vébert, bon marcheur, très propre, obéissant.

9. Pierre Barry, obéissant, propre soldat.

1351. — 11° de Jean Bordier, élève maréchal-ferrant au 1ᵉʳ régiment de hussards et passé le 18 juillet 1870 au régiment des Lanciers de la Garde.

1352. — 12° de Louis-Albert Isidore, au régiment des Lanciers de la Garde.

1353. — 13° de Geoffroy Christ, né à Haguenau (Bas-Rhin), Lancier de la Garde.

1354. — 14° de Sévère-Henri-Joseph Duplouy, Lancier de la Garde.

1355. — 15° de Pierre-Désiré Alexandre, Dragon de l'Impératrice. Livret taché de sang à l'intérieur.

1356. — 16° de Lagrange, Lancier de la Garde. Livret dénué de tout renseignement.

1357. — **Epaulettes** de Nicolas Maire, caporal au 2ᵉ Voltigeurs de la Garde, né à Gorze, tué à Ladonchamps. — Don de son frère, Alfred Maire, demeurant à Gorze (Moselle).

1358. — **Gamelle** de F. Magot, du 2ᵉ régiment d'artillerie, qui a pris part aux batailles de Borny, Gravelotte, Saint-Privat.

1359. — **Gamelle** d'Emile-Léopold Roger, du 6e bataillon de chasseurs à pied. — Don de sa veuve.

1360. — **Fourchette** de soldat, 16 août 1870. — Don de M. Gendarme, greffier de paix, à Thiaucourt.

1361. — **Gamelle** d'infanterie. Il y a autour le nom de Gingeat, 1626.

1362. — **Gamelle** trouée par une balle, 16 août 1870.

1363. — **Gamelle** du 57e de ligne, trouvée sur le champ de bataille du 16 août. — Don de M. Emile Collin, de Mars-la-Tour.

1364. — **Bidon.** 16 août 1870. — Don de M. Eugène Collignon, de Ville-sur-Yron.

1365. — **Cravatte** de soie bleue de Raymond de Buyer, sous-lieutenant à l'armée de l'Est. — Don de sa mère.

1366. — **2 foulards** de Max de Buyer, engagé volontaire, mort des suites de la guerre. — Don de sa mère.

1367. — Une paire **d'épaulettes** de Voltigeur de la Garde. — Don de M. Baligny, ex-clairon au 1er Voltigeur de la Garde, demeurant à Franconville (Seine-et-Oise).

1368. — **Guêtres** de Max de Buyer, engagé volontaire. — Don de sa mère, la marquise de Buyer.

1369. — **Guêtres** de Robert Lequeux, caporal au 1er Voltigeurs de la Garde.

1370. — **Cravache** du général de Castagny, commandant la 2e division du 3e corps d'armée en 1870. — Don de Mme Chardard, de Queuleu, près Metz.

1371. — **8 pompons**, rouges, jaunes, verts et noirs.

1372. — **Cravatte** tachée de sang de Charles Royer, mobile tué au siège de Verdun, par un obus, en allant porter la soupe à son camarade placé en sentinelle dans un endroit dangereux. — Don de la famille.

1373. — **Epaulettes** d'argent d'un lieutenant de la Garde nationale. Blocus de Metz — Don de Mme Chardard, de Queuleu.

1374. — Une paire **d'épaulettes** d'un grenadier français, 16 août 1870. — Don de la même.

1375. — **Gamelle** française trouvée à Ville-sur-Yron, 16 août. — Don de M. Peiffert, demeurant à Ville-sur-Yron.

1376. — **Epaulettes** d'officier et d'adjudant. Champ de bataille du 16 août. — Don de M. Dieudonné, de Chambley.

1377. — Une paire **d'épaulettes** d'un capitaine français du 10ᵉ d'artillerie, trouvée au château de Saint-Baussan (M.-et-M.). — Don de M. Jean-Charles Aubertin, garde-champêtre, à Mandres-les-Quatre-Tours.

1378. — **Brancard** qui a servi à transporter des blessés français, le 16 août 1870. — Don de M. Erpeldinger, de Metz.

1379. — **Pistolet** de cavalerie allemande. Champ de bataille du 18 août. — Don de M. Féron, de Gravelotte.

1380. — **Pistolet** d'artillerie allemande, 1870. Bataille de Gravelotte. — Don d'Amédée Sonnet, employé de chemin de fer, au Raincy (Seine-et-Oise).

1381. — **Pistolet** de cavalerie allemande, 16 août 1870.

1382. — **Echarpes** d'officiers allemands, 16 août 1870. — Don de M. Chéron, de Paris.

1383. — **Revolver** prussien, combat de Champigny. — Offert par M. Fauré le Page.

1384. — Une **Boucle de ceinturon** de la Garde. — Don de M. Dieudonné, de Chambley (M.-et-M.).

1385. — **Epaulette** d'officier allemand d'artillerie, 16 août 1870. 4ᵉ régiment.

1386. — **2 épaulettes** de soldat allemand, 8ᵉ régiment.

1387. — **Pistolet** français de cavalerie trouvé entre Colombey et La Grange-aux-Bois. Champ de bataille de Borny, 14 août 1870. — Don de M. Alphonse Pernet.

1388. — **Pistolet** français de cavalerie, trouvé à Montigny-les-Metz. — Don de la famille Villard, de Pont-à-Mousson.

1389. — **2 pistolets** français de cavalerie. — Don de M. Nathan-Lévy, d'Etain.

1390. — **Pistolet** français. Blocus de Metz. — Don de M. Villard, de Pont-à-Mousson.

1391. — **Médaille** militaire allemande de 1866. trouvée sur le champ de bataille du 16 août.

1392. — **Quart** de fantaissin français, trouvé le 16 août. Traversé de part en part par une balle. Il y a, tracé à la pointe du couteau, le nom de Clary du 10ᵉ de ligne. — Don de la famille Mackiewicz, de Mars-la-Tour.

1393. — **Collier de chien** allemand, trouvé sur le champ bataille. Il y a écrit sur le collier : Docteur Hille du 2ᵉ régiment de Grenadiers. Le 11ᵉ de ligne allemand a défendu la Maison-Blanche contre un régiment d'infanterie française, le bataillon de chasseurs à pied de la Garde et un régiment de Voltigeurs de la Garde. C'est de cette affaire que provient le collier de chien.

1394. — **Ceinturon et sabre** d'un officier de la Garde nationale. Blocus de Metz. — Don de M. Daniel, négociant à Pont-à-Mousson.

1395. — Une **Aigle** allemande. Champ de bataille du 16 août. Don de M. l'abbé Lecarne, curé d'Ermont (Seine-et-Oise).

1396. — Une **Boucle** de ceinturon français d'artillerie, 16 août 1870.

1397. — **Plaque de voiture** d'un vaguemestre allemand, trouvée au fond de la Cuve en 1906. — Don de M. Alfred Bastien, douanier à Mars-la-Tour.

1398. — Une paire d'**éperons** allemands du 16 août. — Don de M. Gendarme, greffier de paix à Thiaucourt (M.-et-M.).

1399. — Une **Hache** allemande, 16 août. — Don de M. Roger, de Bussières, près Chambley.

1400. — Une **Hache** allemande, 16 août, trouvée sur le plateau d'Yron. — Don de M. François Peiffer, de Ville-sur-Yron.

1401. — **Eperon,** trouvé au ravin de Grizières.

1402. — **Baguettes de tambour,** trouvées à la ferme de Lagrange, commune de Ville-sur-Yron. — Don de M. Charles Crosse, fermier de Lagrange.

1403. — **Baguettes de tambour** du 44ᵉ de ligne. — Don de M. Biron, de Metz.

1404. — **Pipe allemande,** trouvée à Thiaucourt. — Don de M. Marion, de Thiaucourt.

1405. — **3 patiences** pour astiquer les boutons. Une en fer, les deux autres en bois.

1406. — Un **Ceinturon** de fantassin allemand. Champ de bataille du 16 août.

1407. — Une **Aigle** de casque prussien, 16 août.

1408. — Un petit **Fouet** de conducteur de chevaux d'artillerie. Blocus de Metz.

1409. — Plusieurs paires d'**Eperons**.

1410. — Une paire d'**Etriers** français, 16 août.

1411. — Une paire d'**Etriers** allemands. — Don de M. Dieudonné, de Chambley.

1412. — Deux **fers à cheval** prussiens, 16 août 1870. — Don de M. Jacquin de Ville-sur-Yron.

1413. — Un **fer à cheval** bavarois. — Don du même.

1414. — Plusieurs autres **fers à cheval**, 16 août.

1415. — Un **peigne** de cheval allemand. Champ de bataille du 16 août. — Don de M. Joseph Florentin jeune, de Mars-la-Tour.

1416. — **Brosse de cheval** ramassée dans les rues de Saint-Privat, et ayant appartenu à un cavalier français tué par un uhlan, 18 août 1870. — Don de M. Gautier de Saint-Ail.

1417. — **Brosse à astiquer**, ayant appartenu à Joseph Drouet, mobile de la Moselle.

1418. — **Sabot de cheval** français trouvé entre Rezonville et le château de Villers-aux-Bois, quelques jours après la bataille du 16 août. — Don de M. Kranskoff, cocher à Metz.

1419. — **Balles, éclats d'obus et obus** arrangés sur une jardinière au milieu de la salle.

1420. — **Boulet** trouvé en 1901 dans la démolition des remparts de Metz et provenant du siège de la ville par Charles Quint en 1552. Poids du boulet : 12 kil. — Don d'un Messin.

1421. — Un **obus** français de 4, 16 août 1870. — Don de M. Jacques, négociant à Mars-la-Tour.

1422. — Un **obus** français de 6.

1423. — Un **obus** français de 4.

1424. — Un **obus** français de 4.

1425. — Deux **obus** français de 12 à fusée percutante. Siège de Verdun — Don de M. le docteur Villard de Verdun.

1426. — Deux **obus** de 24 des pièces marines du Mont-Valérien, tombés pendant le siège de Paris dans le jardin de M. Paul Lelong à Ville d'Avray. — Don de M. le docteur Lorcy de Paris.

1427. — **Bombardement de Verdun** du 13 au 15 octobre 1870. **Bombe** prussienne tirée sur le quartier de la porte Chaussée. — Don de M· le docteur Villard de Verdun.

1428. — **Bombe** française prise pendant la nuit à des convoyeurs allemands qui se dirigeaient sur Marsal. — Don de M. Friot, instituteur à Laneuvelotte près Nancy.

1429. — Bombardement de Verdun. **Bombe** prussienne tombée rue Chaussée n° 29, chez M. Villard, a pénétré par le toit, traversé le grenier, le 3e puis le 2e étage, est tombée sur le marbre d'une console de cheminée restée intacte, ensuite glissant de cette surface polie a troué le plafond du 1er étage pour s'arrêter au rez-de-chaussée sans éclater, après s'être enroulée dans une robe suspendue à un porte-manteau. — Don de M. le docteur Villard de Verdun.

1430. — **Obus** français de 12. Champ de bataille du 16 août.

1431. — **Obus** français de 4. 16 août. — Don de M. Humbert, jeune homme de Mars-la-Tour.

1432. — **Obus** français du 18 août. — Don de M. Emile Gény de Saint-Ail.

1433. — Petit **obus** allemand. 16 août 1870. — Don de M. Florentin Joseph de Mars-la-Tour.

1434. — **Obus** français de 12. 16 août 1870. — Don de M. François Prévot de Tronville.

1435. — **Obus** français de 4. 16 août 1870.

1436. — **Obus** français de 4. Borny 14 août 1870. — Don de M. Emile Saillet de Metz.

1437. — **Obus** de 24, lancé par les batteries du Mont Saint-Quentin, 18 août 1870. — Don de M. Jacques Lévy, marchand de grains, à Mars-la-Tour.

1438. — **Obus** français de 12. 16 août 1870. — Don de M. l'abbé Gigleux, curé de Tronville.

1439. — **Obus** français de 6. Trouvé dans les champs. Siège de Verdun. — Don de M. le docteur Villard, de Verdun.

1440. — **Obus** allemand trouvé le 4 mars 1874, par le douanier Mounier, de Belfort, au pied du Grand Salbert, environs de Belfort. Obtenu par l'entremise de M. Grünfelder, capitaine des douanes, à Mars-la-Tour.

1441. — **Obus** français de 4, trouvé aux environs de Verdun. Siège de Verdun. — Don de M. le docteur Villard, de Verdun.

1442. — **Obus** allemand, avec sa chemise de plomb en partie déchirée et bosselée. — Don de M. Fauré le Page, de Paris, armurier de l'Empereur de Russie.

1443. — **Obus** allemand de 24, avec sa chemise de plomb à moitié ouverte par le haut. — Don de M. Vavasseur, ancien combattant de Gravelotte et de l'armée du Rhin, membre d'honneur de l'Œuvre de Mars-la-Tour, à Paris.

1444. — **Obus** français de 12. Champ de bataille de Rezonville. — Don de M. Jacquet, brigadier des douanes, à Mars-la-Tour.

1445. — **Obus** français de 6. 16 août. — Don de M. Drolet, adjoint au maire de Mars-la-Tour.

1446. — **Boulet** de 6 kg. trouvé dans les décombres d'une ancienne maison de Jarny. — Don de M. Charles Draux, de Jarny.

1447. — **Obus** français de 6. 16 août 1870.

1448. — **Obus** français lancé par le fort Saint-Quentin et qui a éclaté en deux devant la pharmacie d'Ars-sur-Moselle. Moitié de l'obus. — Don du pharmacien, M. Mackiewicz.

1449. — **Obus** français de 6. Borny, 14 août. — Don de M. Pierre Grandjean, de Metz.

1450. — **Schrapnel,** 18 août 1870. — Don de M. Noirel, de Sainte-Marie-aux-Chènes.

1451. — **Obus** français de 4, du 16 août.

1452. — **Boulet** de 4 kg. ramassé dans l'île de Chambière.

— Don de Mme la Supérieure de la Maison des Orphelins, rempart Paixhans, à Metz.

1453. — **Biscayen** trouvé par M. Alfred Labriet, dans un des jardins du Château de Mars-la-Tour.

1454. — **Boulet** de 3 kg. trouvé dans le parc de la maison du colonel Hennocque. — Don de sa belle-fille.

1455. — **Obus** allemand de 75 kg. lancé sur le Mont-Valérien, à Paris. — Don de M. Fauré le Page, de Paris, armurier de l'Empereur de Russie.

1456. — **Lance** française, 16 août 1870. Le fanion est déchiré en plus d'un endroit. — Don de M. Dargent, de Paris.

1457. — **Fanion** de général de division avec sa lance. Ambulance du Grand-Séminaire de Metz.

1458. — Grande **Vitrine**, donnée par la ville de Nancy, 16 août 1902, M. Hippolyte Maringer, étant maire. On y trouve les objets suivants :

1459. — **Selle d'armes** du général Margueritte sur laquelle il a été blessé mortellement le 1er septembre 1870 au lieudit : le Calvaire d'Illy. Cette selle a été donnée en souvenir à son officier d'ordonnance, le lieutenant Révérony du 1er régiment de chasseurs d'Afrique et qui, lui-même devenu général, s'est servi de cette selle en mémoire de son ancien général. Fort bien conservée. — Don de Mme Révérony, veuve du général.

1460. — **Revolver** du général Révérony avec lequel il a sauvé 2 fois la vie au général Margueritte lorsqu'il était à ses côtés le 12 août 1870, au combat de Pont-à-Mousson. — Don de la veuve du général.

1461. — **Sabre** du général Révérony, qui lui a été offert par ses camarades de Saint-Cyr. Promotion du Mexique de 1861 à 1863. Le lieutenant Révérony, a porté ce sabre pendant toute la campagne de 1870. — Don de sa veuve.

1462. — **Uniforme** que portait le général Decaen, commandant le 3e corps d'armée, le 14 août 1870, à la bataille de Borny où il a été blessé mortellement. Son képi, ses épaulettes, sa tunique et 2 décorations, son ceinturon avec son épée, son pantalon coupé sur le côté par les bistouris des chirurgiens pour panser sa blessure. — Don de sa veuve.

1463. — **Tunique** de Lucien Gérard, né à Gorze, maréchal des logis fourrier au 2e cuirassiers, blessé mortellement à Reischshoffen. — Don de sa mère.

1464. — **Tunique** d'un officier d'artillerie. — Don de M. Emile Badel de Nancy.

1465. — **Aigle impériale** cuivre doré. — Don de M. Chéron de Paris.

1466. — **Aigle impériale** donnée par une commune des environs de Metz.

1467. — **Veste, pantalon, schako et aiguillettes** de Jean-Pierre Munier né à Fillières (M.-et-M.) maréchal des logis à l'école de pyrotechnie de la Marine à Toulon (Var). — Don de ses neveux.

1468. — **Pantalon** d'un soldat mort à Metz de ses blessures dans la Maison des Orphelins, rempart Paixhans à Metz. — Don de Mme la supérieure de la Maison.

1469. — **Pantalon** du commandant Grenier du 66e, mort de ses blessures dans la Maison des Orphelins, rempart Paixhans à Metz. — Don de Mme la supérieure de la Maison.

1470. — **Costume** d'un officier du génie. Blocus de Metz.

1471. — **Veste** d'Emile Léopold Roger du 6e bataillon de chasseurs à pied, ornée d'une décoration. — Don de sa veuve.

1472. — **Tunique et képi** d'un maréchal des Logis d'artillerie, 16 août 1870. — Don de M. Grâce, de Mars-la-Tour.

1473. — **Dolman** d'un artilleur de la Garde (artillerie montée) 16 août. — Don de M. Cosnefroy de Paris, vice-président de l'Association des Combattants de Gravelotte.

1474. — **Tunique** de Joseph Boutier né à Bitche, trompette aux cuirassiers de la Garde, épaule droite fracassée par une balle. Tunique sur laquelle se trouve la balle qu'il a reçue et 3 médailles de campagnes diverses. — Don de sa veuve.

1475. — **Trompette** de Joseph Boutier avec laquelle il a sonné la charge. — Don de sa veuve et de ses 2 fils demeurant à Saint-Mihiel (Meuse).

1476. — **Clairon** du 91e trouvé sur le champ de bataille de Voippy-les-Metz. L'embouchure a été forcée par les coups de bottes des Allemands. Il sonne encore. — Don de M. Fournier de Voippy.

1477. — **Clairon** du 67e de ligne, trouvé à Metz, à la porte Saint-Thiébault. — Don de la famille Villard de Metz demeurant à Pont-à-Mousson.

1478. — **Epaulettes et aiguillettes** encore tachées de sang d'un dragon de la Garde. — Don de M. Nicolas de Porcher, commune de Brainville (M.-et-M.).

1479. — **Aigrette** de l'artillerie de la Garde. — Don de M. Cosnefroy, de Paris.

1480. — **Hausse-col** de Charles Claude Liégeois, sous-lieutenant au 80e de ligne né à Metz, rue Chambière. — Don de Mlle Mathieu, sa cousine.

1481. — **Dolman** de maréchal des logis que portait Gaston de Buyer à Saumur et avec lequel il est parti à la guerre en 1870. Nommé lieutenant de chasseurs à pied, fait prisonnier à Sedan et mort à Dresde en captivité. — Don de sa belle-sœur la comtesse Georges de Buyer-Chaillot.

1482. — **Dolman** d'un chasseur à cheval de la Garde. — Don de M. Mathieu, chef de gare à Mars-la-Tour.

1483. — **Hausse-col** du capitaine Léchaudel du 1er de ligne, tué le 18 août. — Don de M. Nicolle son beau-frère.

1484. — **Dolman** de Jules Merchier, artilleur de la Garde (artillerie à cheval) combattant de Gravelotte.

1485. — Son **porte-manteau.**

1486. — Deux grands **drapeaux** pour orner la vitrine de Nancy. — Don de l'Association de l'Œuvre de Mars-la-Tour.

1487. — Grande vitrine de l'évêque de Metz, ornée de deux grands drapeaux tricolores. — Dons de plusieurs Messins, en autres M. le comte Maurice de Coëtslosquet. Dans cette vitrine se trouve :

1488. — **Képi et manteau d'hiver** de Raymond de Buyer, officier au 33e de marche, mort des suites de la guerre. — Don de sa mère.

1489. — **Képi** du médecin-major Beurdy, tué le 16 août. — Don de sa veuve.

1490. — **Bicorne** du même. — Don de la même.

1491. — **Epée** du même. — Don de la même.

1492. — **Képi** de Villiam Voirand du 57ᵉ de ligne. Il est troué au côté droit par un éclat d'obus allemand reçu au Fond de la Cuve. Une trentaine de petits morceaux de plomb ont pénétré dans sa tête. Le 26 juillet 1902 le docteur Rohmer de Nancy en a extrait 12. Le reste y est encore. — Don du soldat lui-même, Villiam Voirand demeurant à Maizières-les-Toul.

1493. — **Shako** de Jean Roif, brigadier des douanes qui a combattu au fort de Bitche. — Don de M. Mattel, sous-brigadier des douanes à Mars-la-Tour.

1494. — **Tunique** de Charles Claude Liégeois, sous-lieutenant au 80ᵉ tué le 18 août. — Don de sa mère.

1495. — Son **chapelet**, trouvé sur lui le jour de la bataille. — Don de la même.

1496. — Son **livre de prières** : la Journée du chrétien. — Don de la même.

1497. — **Bonnet à poil et plumet.** — Don de M. Mathieu, chef de gare à Mars-la-Tour.

1498. — **Saladier, plat et assiette** provenant du mess des officiers du 1ᵉʳ régiment des Voltigeurs de la Garde. — Don de M. Langlois de Paris.

1499. — **Képi** de Charles Royer, né à Commercy, mobile de la Meuse, tué au siège de Verdun par un obus lorsqu'il allait par dévouement porter la soupe à un de ses camarades oublié depuis trente-quatre heures. — Don de la famille.

1500. — **Brassard** de Mᵐᵉ veuve Bretzner, infirmière à Metz en 1870. — Don de Mᵐᵉ Chardard de Queuleu.

1501. — **Boucles d'oreilles et croix** de protestation portées par les dames et demoiselles de Metz contre l'annexion de l'Alsace et de la Lorraine. — Don de la dame patriote qui les a portées.

1502. — **Les mêmes**, mais en plus grande dimension, ayant appartenu à Mᵐᵉ Jouatte, femme du commandant Jouatte, le glorieux mutilé de la ferme de Mogador (16 août). Mᵐᵉ Jouatte a porté ces insignes à Metz étant jeune fille.

1503. — Chapeau de Mgr Dupont des Loges, évêque de Metz en 1870.

1504. — Barette   idem

1505. — Ceinture   idem

1506. — Camail   idem

1507. — Rochet   idem

1508. — Etole de drap d'or idem

Ces six objets, don de monsieur le chanoine Villeumier ancien vicaire général de Mgr Dupont des Loges.

1509. — Petit médaillon noir, contenant une mèche de ses cheveux. — Don de Mlle Louise Péqueux de Nancy.

1510. — Echarpe municipale portée par un maire des environs de Metz avant 1870. — Don de la famille.

1511. — Carabine Migné ayant appartenu à l'un des francs-tireurs qui ont fait sauter le pont de Fontenoy près de Toul. — Don du docteur Lorey de Paris.

1512. — Carabine et sabre-baïonette des Cent-Gardes de Napoléon III, laissée à Jarny lors du passage de l'Empereur le 16 août, par un cent-garde tombé malade. Le sabre était mis en guise de baïonette au bout de la carabine lorsque le cent-garde était de faction au palais des Tuileries. La carabine appartient au système Treuille de Beaulieu. — Don de M. Barthélemy propriétaire à Jarny.

1513. — Etole donnée en 1898 par monsieur l'abbé Laurent, chanoine de Metz. Elle lui a servi en 1870 à administrer les sacrements à plus de cinq cent soldats moribonds. Elle était tachée en bien des endroits du sang des blessés. Le temps a fait disparaître ces taches peu à peu. Ce n'en est pas moins un précieux et touchant souvenir.

1514. — Livret militaire de Joseph Drouet, mobile de la Moselle. — Don de son fils, monsieur l'abbé Louis Drouet, vicaire à Mars-la-Tour.

1515. — Chapeau de franc-tireur de Metz. Bordure du chapeau aux couleurs des armes de Metz, avec une plume et cocarde tricolore. Don d'un Messin.

1516. — Giberne d'un franc-tireur de Metz. — Don d'un Messin.

1517. — **Porte-manteau** de Jules Viteau d'Avocourt (Meuse), cavalier aux Lanciers de la Garde, combattant du 16 août sur le plateau d'Yron. Le porte-manteau est percé en plusieurs endroits des coups de lance et de la pointe des sabres de l'ennemi. — Don de M. Jules Viteau.

1518. — **Encrier de campagne** de l'Empereur Napoléon III, laissé par lui sur le bureau du salon, dans la maison du colonel Hennocque à Longeville-lès-Metz où il a logé le 14 août 1870 et le 15 août jusque vers 8 heures du matin. — Don fait le 29 septembre 1898 par Mme Hennocque qui a signé une attestation de l'authencité de l'objet.

1519. — **Mouchoir de poche** du maréchal Canrobert, marqué à ses initiales, laissé par lui dans la maison de M. Noirel de Saint-Privat où il a couché dans la nuit du 17 au 18. — Don de Mme Noirel de Nancy.

1520. — **Croix d'honneur, épaulettes et aiguillettes** d'Eugène-Auguste Boby de la Chapelle, lieutenant-colonel aux dragons de l'Impératrice, tué le 16 août 1870 au grand combat de cavalerie du plateau d'Yron. — Don de sa veuve, née Louise-Julie de Vignole.

1521. — Fort belle **croix en bois** sculptée à Dusseldorf (Prusse) pendant sa captivité par le colonel Carrelet, commandant du 2e hussards Chamborant et donnée par lui à l'abbé Staub, aumônier d'honneur du régiment, aujourd'hui aumônier titulaire du 5e corps d'armée à Orléans, lequel, du consentement du donateur, l'a consacrée à l'église commémorative des héros de Gravelotte et au Musée militaire de Mars-la-Tour.

1522. — **Giberne** d'un médecin-major de la Garde, ramassée sur le champ de bataille du 18 août 1870. — Don de M. Fontaine, ex-maître bottier à l'Ecole d'application de Metz.

1523. — **Tunique, gilet, képis et pantalon** du docteur Lorey qui a fait la campagne de 1870. — Don de sa veuve.

1524. — **Brassard d'ambulance** de M. Mackiewicz, pharmacien à Ars-sur-Moselle. — Don de ses filles.

1525. — **Brassard d'ambulance** de Mme Mackiewicz, femme du précédent. — Don de ses filles.

1526. — Petite boîte contenant la **balle** logée dans la tête du cheval de M. Salle, vétérinaire au dragons de la Garde, qui aurait reçu cette balle sans un mouvement de tête qu'a fait l'animal en ce moment-là. Bataille de Rezonville. — Don de la veuve de l'officier.

1527. — **Candélabre**, formé de trois baïonnettes françaises, provenant de Montigny-les-Metz. — Don de la famille Villard, de Metz, maintenant à Pont-à-Mousson.

1528. — **Képi** de Victor Vuillaume, né à Labry (M.-et-M.), capitaine au 59e de ligne, mort des suites de la guerre. — Don de son neveu, Victor Vuillaume, capitaine au 26e de ligne à Nancy.

1529. — **Képi** du sous-lieutenant Eugène Méline du 57e de ligne, né à Nancy, tué le 16 août. — Don de son frère.

1530. — **Bonnet de police** d'artilleur français.

1531. — **Képi** d'un soldat du 20e bataillon de chasseurs à pieds, mort à la Maison des Orphelins, rempart Paixhans à Metz. — Don de Mme la Supérieure.

1532. — **Képi** d'un artilleur français.

1533. — **Bonnet de police** d'un officier français d'infanterie, 16 août 1870. — Don de M. Gendarme, greffier de paix à Thiaucourt.

1534. — **Képi** d'un officier de la garde mobile à Metz.

1535. — **Shako** d'infanterie, 16 août 1870. — Don de M. Gendarme, de Thiaucourt.

1536. — **Képi** de Lucien Gérard, né à Gorze, maréchal-des-logis-fourrier au 2e cuirassiers, blessé mortellement à Reichshoffen. — Don de sa mère.

1537. — **Shako** du sous-lieutenant de Raphaelis, de Soissan, du 99e de ligne, tué à Frœschwiller le 6 août. — Don de sa cousine Mme la comtesse de Boudard Alexis, née de Soissan, demeurant à Aix-en-Provence (Bouches-du-Rhône).

1538. — **3 Candélabres**, formés chacun de trois baïonnettes françaises, servant sur les petits autels à l'église, aux services anniversaires du 16 août.

1539. — **Sabre et ceinturon** de François Seners, ancien capitaine de la Garde nationale de Mars-la-Tour (Souvenir local). — Don de son fils Louis Seners, maire de Mars-la-Tour.

1540. — **Dolman, képi, bonnet de police, sabre**, etc., de Léon Tropel, capitaine au 11ᵉ hussards. — Don de sa mère, demeurant à Metz.

1541. — **Couleuvrine**, venant du château de Thiaucourt. La culasse à éclaté. — Don de M. Gendarme, greffir de paix à Thiaucourt.

1542. — **Sabre** d'infanterie. — Don de M. Niarquin, de Paris, membre de l'Œuvre de Mars-la-Tour.

1543. — **Sabre** de sous-officier du régiment des sapeurs-pompiers. Siège de Paris. — Don du même.

1544. — **Gamelle et quart** du soldat Villard, né à Metz. — Don de la famille.

1545. — **Epée d'officier**, trouvée à Metz, antérieure à la guerre de 1870. — Don d'une dame annexée.

1546. — **Epée allemande** fort curieuse, trouvée dans les bois de Montois-la Montagne en 1877. — Don de M. Charles Houche. Elle porte sur la lame l'inscription suivante : Wilhelm Wirsberch.

1547. — **Sabre** de cavalerie, sans sa garde. — Don de M. Victor Petitjean qui l'a reçu de M. Bouillon, ancien combattant de 1870, demeurant à Loisy (Meuse).

1548. — **Divers projectiles** français et allemands. — Don de M. Lehmann, de Jüterbog, près Berlin.

1549. — **Dolman, 3 képis, sabre et sacoche** du capitaine Méof, des chasseurs à pied, né à Conflans, près Mars-la-Tours. — Don de sa mère, à Conflans, qui a donné aussi au musée tous ses livres de prix, provenant de ses études.

1550. — **Dolman, képi, sabre, Croix d'honneur** du commandant Dominique, qui s'est distingué au siège de Longwy en 1870. — Don de Mlle Martin, sa belle-sœur, demeurant à Ville-au-Montois.

1551. — **Epée** de Dominique Friaque, sergent-major de pompiers de Mars-la-Tour, fondateur de l'hospice (souvenir local). — Don du Bureau de bienfaisance de Mars-la-Tour.

1552. — **Insigne** de la 1ʳᵉ ligue de patriotes et insigne des membres du 1ᵉʳ concours international de tir. — Don du capitaine Rogier.

1553. — Grande **panoplie,** à droite de la grande porte du musée en entrant, composée de 20 pièces.

1554. — Une **cuirasse** allemande. — Don de M. Vigneron, de Mars-la-Tour.

1555. — **Epée** de Joseph Michel, officier principal d'Intendance à Metz, pendant le blocus.

1556. — **Croix d'honneur** d'Etienne Dumoulin, ancien adjoint au maire de Metz. — Don de Mlle Bour, de Moulins-les-Metz.

1557. — **Croix d'honneur** de Mathieu Liénard, capitaine en retraite, inhumé à Mars-la-Tour.

1558. — **Sabre** d'infanterie française. — Don de la sœur de Mme Léonie Watier, de Mars-la-Tour.

1559. — **Sabre** d'infanterie française avec son fourreau.

1560. — **Sabre** de la Garde nationale de Metz.

1561. — Idem.

1562. — **Sabre** et fourreau d'adjudant d'infanterie française. — Don de M. Daniel, négociant à Pont-à-Mousson.

1563. — **Sabre** d'infanterie allemande, 18 août. — Don de M. l'abbé Lerond, curé de Trieux.

1564. — **Sabre** allemand d'un sous-officier, 18 août 1870. — Don d'un annexé.

1565. — Une paire de **pistolets-revolvers.**

1566. — **Sac** de franc-tireur d'une compagnie des environs de Metz. — Don du franc-tireur.

1567. — **Sac** de la Garde mobile de Metz.

1568. — Une paire **d'épaulettes** d'un chasseur à pied.

1569. — Un **képi.**

1570. — Un autre **képi.**

1571. — Une paire **d'épaulettes** d'argent, d'adjudant.

1572. — **Aiguillettes** de Victor Darche, carabinier de la Garde Impériale, mort en 1870, en captivité dans la Haute-Silésie, né à Conflans. — Don de sa sœur, demeurant à Conflans (M.-et-M.).

1573. — **Sabre** d'infanterie allemande. — Don de M. Genty, négociant à Mars-la-Tour.

1574. — **Sabre** d'infanterie allemande.

1575. — **Sabre-baïonnette** de chassepot. — Don de Mademoiselle Catherine Thiéry, de Mars-la-Tour.

1576. — **Sabre** d'infanterie allemande, 18 août 1870. — Don de M. l'abbé Lerond, curé de Tricux.

1577. — **Sabre** d'infanterie allemande. — Don de M. J.-B.-Désiré Bertrand, de la Tour (Meuse).

1578. — **Sabre** allemand. — Don de M. Noirot, loueur de voitures, à Metz.

1579. — **Grande panoplie** à gauche, en entrant par la grande porte du musée, composée de :

1580. — **Cuirasse** française. — Don de M. Mathieu, chef de gare à Mars-la-Tour.

1581. — **Carabine** allemande. — Don de M. Jeanjon, d'Hagéville.

1582. — **Carabine** allemande. — Don de M. Charles Crosse, de Mars-la-Tour.

1583. — **Fusil chassepot.** — Don de M. Léon Noirel, de Sainte-Marie-aux-Chênes.

1584. — **Fusil chassepot.**

1585. — **Fusil allemand.**

1586. — **Fusil allemand.**

1587. — **Sabre** d'officier d'infanterie française. — Don de M. Dieudonné, de Chambley (M.-et-M.).

1588. — Paire **d'épaulettes** de chasseurs à pied.

1589. — Paire **d'épaulettes** d'infanterie française.

1590. — Paire **d'épaulettes** de la Garde Impériale ayant appartenu au caporal Lagneau, du 1er Voltigeurs de la Garde.

1591. — **Képi** de capitaine de la mobile. — Don de M. Prillot de Metz.

1592. — **Bonnet de police** du caporal Lagneau, du 1er Voltigeur de la Garde.

1593. — **Panoplie en forme d'étoile :**

1594. — **Revolver** du capitaine Vuillaume du 32e. — Don de MM. Conrard, serruriers-mécaniciens à Pont-à-Mousson.

1595. — **Pistolet-revolver.** — Don de Mme Varlet, de Pont-à-Mousson.

1596. — **Pistolet.** Siège de Longwy. — Don de M. Witzmann, receveur des douanes à Mars-la-Tour.

1597. — **Pistolet,** 16 août. — Don de M. Auguste Biron.

1598. — **Sabre allemand,** d'infanterie. — Don de M. J.-B.-Désiré Bertrand, de Mars-la-Tour.

1598 *bis*. — Idem. — Don d'un annexé.

1599. — Idem. — Don de M. Vagner, de Pont-à-Mousson.

1599 *bis*. — Idem, du 18 août. — Don de M. Constant Amard, aubergiste à Saint-Ail.

1600. — Idem. — Don de M. Genty, négociant à Mars-la-Tour.

1600 *bis*. — Idem, du 18 août. — Don de M. Amard, de Saint-Ail.

1601. — Idem. — Don de M. Noirot, loueur de voitures à Metz.

1601 *bis*. — Idem. — Don de M. Ch. Aubry, sous-brigadier de douanes, à Arnaville (M.-et-M.).

1602. — Idem, du 18 août. — Don de M. l'abbé Lerond, curé de Trieux.

1602 *bis*. — Idem, du 16 août. — Don de M. Charles Houche, d'Herméville, près Etain.

1603. — Idem, du 16 août. — Don de M. Laroche, fermier à Mars-la-Tour.

1603 *bis*. — Idem, du 16 août. — Don du même.

1604. — **Panoplie en forme de croix :**

1605. — **Képi** de Théophile Dion, adjudant. — Don de sa veuve.

1606. — **Képi** d'un capitaine, tué le 16 août. — Don de M. Bord, lieutenant au 57e.

1607. — **Sabre-baïonnette** chassepot.

1608. — Idem.

1609. — Idem.

1610. — Idem.

1611. — Idem.

1612. — Idem.

1613. — Idem.

1614. — Idem.

1615. — **Baïonnette** française du 18 août. — Don de M. Lejeail, instituteur à Saint-Ail.

1616. — Idem.

1617. — Idem.

1618. — Idem.

1618 *bis* — **Sabre** d'infanterie allemande d'un sous-officier. — Don de M. Auguste Biron.

1619. — **Chepchia** d'Henri Munier, maréchal-des-logis fourrier au 3ᵉ chasseurs d'Afrique en 1870.

1620. — **Panoplie** au-dessus de la porte d'entrée donnant sur le jardin : Un sabre d'officier français. — Don de M. Auguste Biron.

1621. — Une **épée** d'officier du génie. Champ de bataille du 16 août. — Don de M. Charles Crosse de Mars-la-Tour.

1622. — **Sabre** de dragon français. Champ de bataille du 16 août. Charge du plateau d'Yron. — Don du même.

1623. — **Fourreau** du sabre précédent. Don du même.

1624. — **Sabre** de cavalerie. — Don de M. Nicolas demeurant à Porcher.

1625. — **Sabre** de cavalerie française. — Don du même.

1626. — **Fourreau** de sabre de cavalerie française.

1627. — **Epée du génie.**

1628. — **Panoplie en forme de soleil**, au-dessus de la vitrine de Mgr Dupont des Loges.

1628 *bis*. — **Sabre** d'officier français.

1629. — Au centre : **boule de la culasse** d'un canon donné par le gouvernement pour la fonte de la statue du Monument national. — Don de M. Bogino, de Paris, fils de l'artiste du Monument national.

1630. — Paire **d'éperons**. — Don de M. Nachbar, de Ville-sur-Yon.

1631. — 4 **fers à cheval** et 2 étriers.

1632. — Paire **d'épaulettes** vertes de la Garde.

1633. — Paire **d'épaulettes** du 13e de ligne. — Don de Mme la Supérieure des Orphelins à Metz.

1634. — **3 sabres** d'infanterie à lame large et droite.

1635. — **2 sabres baïonnettes** chassepot.

1636. — **4 fourreaux** de chassepot.

1637. — **3 fourreaux**, idem.

1638. — **2 sabres baïonnettes** chassepot.

1639. — **Sabre** d'infanterie allemande. — Don de M. Charles Aubry sous-brigadier des douanes à Arnaville.

1640. — **Panoplie** en forme de soleil, au-dessus de la vitrine de Nancy.

1641. — La moitié d'une **bombe** qui a éclaté à Gorze. — Don de M. Louis Lanternier architecte à Nancy.

1642. — **2 étriers**.

1643. — **4 étriers**. — Don de M. Nicolas de Porcher près Brainville.

1644. — **Paire d'épaulettes** de Lequeux, caporal au 1er Régiment de Voltigeurs de la Garde.

1645. — **7 baïonnettes** françaises dont une donnée par Charles Aubry, sous-brigadier des douanes à Arnaville.

1646. — **4 fourreaux** de baïonnette chassepot.

1647. — **3 sabres baïonnettes**, idem.

1648. — **3 fourreaux**, idem.

1649. — **5 sabres baïonnettes**, idem.

1650. — **Epée** d'officier avec fourreau.

1651. — **Epée** d'officier, idem. — Don de M. Auguste Biron.

1651 *bis*. — **Epée** d'officier français avec son fourreau. — Don du même.

1652. — **1 sabre baïonnette** chassepot.

1653. — Idem. — Don de M. Nicolas de Porcher (M.-et-M.).

1654. — **1 fourreau** de sabre-baïonnette chassepot. — Don de Mme Vuillaume de Longeville-les-Metz.

1655. — Une **épée** d'officier, sans son fourreau. Don de M. Auguste Biron.

1656. — Une **fleur de lys** en cuivre ayant appartenu à un candélabre, et 2 roulettes trouvées dans les décombres de l'incendie de l'église de Peltre, 26 sept. 1870. Don de M. l'abbé Robinet, curé de Charency-Vesins.

1657. — **Serre-papier**, petite plaque rectangulaire en marbre blanc sur laquelle est vissé un éclat d'obus français avec cette inscription : Eclat d'obus ramassé le 16 août 1870 sur le champ de bataille de Gravelotte près du ravin de Grisière au nord de Mars-la-Tour. — Don de M. Langlois, président fondateur de l'œuvre de Mars-la-Tour.

1658. — **Chapska et épaulettes** d'Ovide Verdier, adjudant au 4e Lanciers en 1870 envoyé en captivité à Minden. — Offert. par son neveu M. Bergeret, photographe d'art à Nancy.

1659. — **Fourchette de table** d'un capitaine d'Infanterie allemande, blessé le 16 août et en traitement à Hannonville-au-Passage. — Don du commis en pharmacie de M. Beuglet, pharmacien à Mars-la-Tour.

1660. — **Balle allemande** qu'a reçue à la cuisse Joseph Poirot lors de la défense de Rambervillers en 1870. Don de son petit fils René Michel chez son père, chef de gare à Mars-la-Tour.

1661. — Boîte de **6 paquets** de cartouches de fusil chassepot. — Don de M. Langlois président de l'Œuvre de Mars-la-Tour à Paris.

1662. — **Sabre** d'officier d'Infanterie française, 16 août 1870. Don de M. Vavasseur président d'honneur de l'Œuvre de Mars-la-Tour.

1663. — **Plaque** d'un ceinturon d'un capitaine du 97e de ligne. Offert par M. Petitjean à Loisey (Meuse).

1664. — **Dolman et baudrier** du maréchal-des-Logis Forrest du 2e hussards, frappé de 6 coups de sabre à la tête, dans la charge du plateau d'Yron. Son dolman et baudrier sont encore maculés de sang. — Don de Mlle Maria Battancourt demeurant à Mars-la-Tour, qui l'a soigné avec un incomparable dévouement.

1665. — **Baïonnette** française toute tordue —16 août 1870. — Don de M. Husson-Raison demeurant à Mars-la-Tour.

1666. — Un **boulet** de 7 kg 500 provenant de Metz, 1870. — Don de M. Lataix de Briey.

1667. — **Tambour** français du 44e de ligne, 16 août 1870.

1668. — **Clairon** allemand. P. B. 20, 16 août 1870.

1669. — **Pistolet** allemand trouvé en 1905 dans un trou sous un rucher et plusieurs autres débris d'armes. — Don de M. Nicolas Poirot de Ville-sur-Yron.

Souvenirs du siège de Thionville :

1670. — **Une gourde** allemande avec son bouchon garni de cuir.

1671. — **1 timbre** avec cette indication : Bureau de Thionville. Administration des lignes télégraphiques.

1672. — **2 bobines** de piles télégraphiques.

1673. — **1 tampon** à froid portant ces mots : F. Curicque, Greffier du tribunal de première instance à Thionville (Moselle).

1674. — **1 armature** de pistolet.

1675. — **1 éclat** d'obus allemand (enveloppe en plomb). Dons de M. A. Schœmann, 28 rue du Progrès, Montreuil-s.-Bois (Seine).

1676. — **Sabre** d'artillerie allemande trouvé à Doncourt-lès-Conflans, 16 août 1870, offert par M. Ernest Lucas de Paris, trésorier de l'association des anciens combattants de Gravelotte, et membre actif de l'Œuvre de Mars-la-Tour à Paris.

1677. — **Bonnet de police** de Lequeux des voltigeurs de la garde le 16 août 1870. — Offert par Mme Lequeux, sa veuve.

1678. — **Plumet** de voltigeur de la garde, 16 avril 1870. — Don de M. Descornez de Paris.

1679. — **Médaille** de Crimée de Toussaint-Victor Gaudelef, né à Mars-la-Tour, maréchal des logis au 13e d'artillerie, entré ensuite dans la gendarmerie où il est décédé brigadier. Don de sa veuve, demeurant à Paris.

1680. — **Livret de soldat** : cahier de campagne d'Albert Gilbertier, prisonnier de guerre à Erfürt (Prusse). — Journal de ce soldat français commencé le 8 octobre 1870 à Metz et fini le 11 mai 1871 au camp d'Erfürt. — Intéressant à lire, mais il est regrettable que ce soldat n'ait pas indiqué à quel régiment il appartenait. Il paraissait faire partie du 77e régiment d'infanterie car il rapporte dans son cahier les adieux du colonel du 77e. — Don de **M.** Grappe, homme de lettres, 6, square Pétrille, Paris, 9e arrondissement.

1681. — **Sabre** de garde national de 1870. — Don de Mme veuve Jules Lequeux demeurant à Faverolles (Aisne).

1682. — **Sabre** d'officier d'infanterie. — Don de **M.** Jean de Nancy.

1683. — **Paire d'épaulettes** de lanciers de la garde. — Don du même.

1684. — **15 boutons** de divers régiments provenant du champ de bataille du 16 août 1870. — Don du même.

1685. — **Sabre** d'artillerie allemande trouvé le 5 janvier 1905 à Ladonchamps près Metz. — Don de **M.** Emile Veber, marchand, à Metz.

1686. — **Brassard** de **M.** Robert de Nancy qui lui a été remis au mois d'août 1870 par monsieur le baron Guerrier de Dumast qui a écrit de sa propre main au verso du brassard le nom du porteur : Alexandre Robert, inspecteur des distributions municipales. — Don de **M.** Robert de Nancy, en retraite, 12, rue de Malzéville.

1687. — **Paquet de tabac** allemand trouvé sur un soldat allemand en 1870 à Jarny près Conflans (M.-et-M.). — Don de **M.** Ch. Draux de Jarny.

1688. — **Vieille épée** trouvée en 1900 en labourant à la ferme d'Ebany, commune de Conflans. — Don du même.

1689. — **Médaille** allemande de Sadowa 1866, trouvée en 1871 entre Puxieux et Mars-la-Tour. — Don de la famille Vahu-Florentin de Puxieux et Mars-la-Tour.

1690. — **Médaille** en bronze de Louis XIV représentant l'entrée du Légat à Paris, trouvée dans les champs près de la

Croix des Jardins par un fils Bastien de **Mars-la-Tour** qui l'a donnée à M. le curé Faller pour son musée, 13 novembre 1906.

1691. — **Gamelle-musette,** 2 petits **étuis en toile** pour cartouches. — Don de M. Lanche, soldat au 11ᵉ bataillon des mobiles de la Seine en 1870.

1692. — Joli **petit sabot** en bois sculpté fait pendant sa captivité à Wesel (Prusse rhénane). — Don de l'auteur M. Désiré Descornez, ex-soldat au 3ᵉ régiment de voltigeurs de la garde, membre de l'Œuvre de Mars-la-Tour, demeurant à Paris.

1693. — **Képi, éperons et dragonne** du sabre de Gilbert Larbaletier, officier au 7ᵉ hussards, tué à Rezonville entre 5 et 6 heures du soir. — Don de sa cousine Eudoxie Dupuy demeurant à Limoges.

1694. — **Bottes** du commandant Collignon du 32ᵉ de ligne tué le 16 août 1870. — Don de son cousin M. Thiébaux, agent-général d'assurances à Mars-la-Tour.

1695. — Petit cadre refermant un petit **morceau de pain** du siège de Paris avec une petite couronne d'immortelles, le prix des denrées alimentaires pendant le siège et diverses dates relatives à cette époque. — Don de M. Joseph, de Briey, marchand d'étoffes.

1696. — **Shako, épaulettes, sabre** brisé au combat et **ceinturon,** trouvés sur le cadavre du lieutenant Julien Laferrière du 59ᵉ de ligne, tué à la bataille de Servigny-Noisseville le 31 août 1870. — Offerts par sa famille et par l'entremise du capitaine adjudant-major Langaudin du 6ᵉ de ligne à Saintes, le 9 mai 1907. Ces objets ont été envoyés par Julien Laferrière, notaire à Saintes, oncle du lieutenant, à M. Grenier, demeurant à Pont-à-Mousson, 50, avenue du Président-Carnot, correspondant de plusieurs grands journaux de Paris.

1697. — **Bouclier** rond avec le millésime 1267, 2 kilog. 400, 0 m. 45 de diamètre. Au milieu : gravure équestre d'un empereur romain. Autour : 4 gravures de chevalier, séparées par un dessin de fleurs de lys. — Don de Mme veuve Jules Lequeux, demeurant à Faverolles (Aisne).

1698. — **Sabre** allemand de hussards de la mort. — Don de M. Roman, receveur de l'enregistrement à Chambley,

1699. — **Piquet** d'attache pour les chevaux, trouvé en 1907 au Fond-de-la-Cuve par Fernand Répert, enfant de 10 ans, placé chez M. Jager, menuisier à Mars-la-Tour.

1700. — **Plaque d'un casque** d'un soldat de la Garde du duc de Wurtemberg, trouvée le 16 août 1870. — Don de Mme Ancel, de Vionville.

1701. — **Obus**, ramassé sur le champ de bataille de Champigny par un combattant de 1870. — Don de M. Hennequin, vice-président de l'Œuvre de Mars-la-Tour.

1702. — **Chassepot** avec sa baïonnette et son fourreau. — Don de M. Lucas, de Paris.

1703. — **Balle** qui a frappé le général Decaen à la rotule le 14 août 1870 à Borny, blessure qui a occasionné le tétanos dont le général est mort à Metz au commencement de septembre. Balle apportée au musée par Mme Heinard, demeurant à Versailles, et M. et Mme Saintard, parents du général.

1704. — **Baïonnette** saxonne, 1870, avec son fourreau. — Don de M. Lombard, de Lacroix-sur-Meuse.

1705. — **Baïonnette** bavaroise, 1870. Champ de bataille de Bazeilles. — Don du même.

1706. — **Giberne** d'artillerie française, 1870. — Don du même.

1707. — **Le millésime 1870**, fait sur carton épais avec balles françaises, allemandes et petits éclats d'obus, provenant du champ de bataille du 16 août 1870. — Don de M. Lerond, propriétaire à Vionville, 23 septembre 1907.

1708. — **Instrument de musique** du 67e de ligne, trouvé sur le champ de bataille de Servigny, 31 août 1870, donné au musée le 16 août 1907 par Joseph Schaub, ex-musicien au 62e de ligne en 1870, actuellement membre de la 498e section de vétérans de Valence (Drôme).

1709. — **Timbre** provenant de la guerre d'Italie. Il porte : Le Prévot, armée d'Italie, 2e division, 2e corps d'armée. — Don de M. Auguste Soudon, de Mars-la-Tour, adjudant d'infanterie en retraite.

1710. — **Couteau de table**, muni d'une cuiller, fourchette et tire-bouchon, provenant d'un militaire allemand. — Don de M. Jacquin, juge de paix à Chambley (M.-et-M.).

1711. — **Epaulettes** en or et **aiguillettes** de Bernard de Vaudrimey, marquis de Capellis, capitaine d'état-major, tué sous Metz le 1er septembre 1870 d'un éclat d'obus. — Don de son frère M. de Vaudrimey, marquis de Capellis, demeurant au château de Saint-Remy (Oise).

1712. — **Petite croix** en fer, trouvé au Fond-de-la-Cuve en 1907 par le jeune Bailly, de Mars-la-Tour.

1713. — **Drapeau en soie** de la Société philanthropique de Valence (Drôme). Combattants de 1870-71. Honneur et Patrie. Classe de 1869-1878 et engagés volontaires. — Don de M. Rochette, de Valence.

1714. — **Ceinturon** de M. de Sambœuf, lieutenant au 4e régiment des voltigeurs de la Garde.

1715. — **Morceau de pain** du siège de Paris. — Don de M. Paul Leroy, secrétaire général de l'Œuvre de Mars-la-Tour à Paris.

1716. — **Petite boîte** contenant un **éclat d'obus** allemand, une **pièce de fusil**, des **balles** françaises et allemandes, provenant du champ de bataille du 18 août 1870 (ferme de Chantrenne). — Don de M. Oscar Boulanger, 74 *bis*, rue des Quatre-Eglises, à Nancy.

1717. — Quatre petits **Biscayens**, provenant de la bataille de Nuits, près Dijon, soudés ensemble et surmontés d'une petite croix. Objet gracieux. — Don de M. Félix Gaspar, notaire honoraire, demeurant à Lyon.

1718. — Paire de **Molletières** jaunes de 1870. — Don de M. Jean, demeurant à Nancy.

1719. — **Giberne** du canonier Auguste Génin. Elle lui a été arrachée du dos au siège de Phalsbourg, 10 août 1870, par un éclat d'obus. Remarquer l'entrée sur le côté. Auguste Génin appartenait comme 2e ouvrier de batterie à la 1re du 9e d'artillerie. — Don du susnommé.

1720. — **Eclat d'obus** retiré du tibia de la jambe droite du précédent, par M. le docteur Rebb, chirurgien-major à Phalsbourg, le 10 août 1870, ce qui a occasionné l'amputation de ce membre. — Don de M. Auguste Génin, chevalier de la Légion d'honneur.

1721. — **Selle kabyle** ayant servi à des turcos pour transporter des blessés sur le champ de bataille de Wœrth. Objet fabriqué avec un tapis d'Orient rembourré de paille avec une courroie blanche en poil de chameau. — Don de M. Schaack, président du tribunal de 1re instance, à Diekirch (Grand-Duché de Luxembourg).

1722. — **Sabre** d'infanterie saxonne de la Landwer. Champ de bataille de Saint-Privat. — Don de M. Jean, de Nancy.

1723. — **Ornement de giberne** de cuirassier de la Garde, trouvé le 17 août 1870 sur le champ de bataille de Rezonville, par M. Martinet, de Metz. — Offert par son fils, M. Martinet, 7, place Trarieux, à Suresnes (Seine).

1724. — **Carnet** de M. de Sambœuf, lieutenant au 4e régiment d'infanterie des voltigeurs de la Garde Impériale, blessé à Rezonville, le 16 août 1870.

1725. — **Reliques** d'officiers et de soldats, trouvées au fond d'une tombe militaire du champ de bataille de Noisseville. Elles comprennent : une cuiller, un couteau, un étui d'allumettes encore garni, une dent, une mèche de cheveux, des boutons du 13e et du 64e. — Don de MM. Jean, demeurant à Vallières, et L. Everlé, de Metz, président et trésorier du Comité du Monument de Noisseville.

1726. — **Baïonnette** trouvée en 1908 dans le grenier de la maison Collin Gaspard, de Mars-la-Tour. — Don de M. Jules Prinson, de Mars-la-Tour. L'extrémité est brisée.

1727. — Souvenir du bombardement de Thionville. Une **agate** provenant de l'incendie de la maison Saur-Putz. Pendant le bombardement les chiques sautaient en l'air à cause de la chaleur. Après, une grande quantité de ces objets a été retrouvée dans les décombres. — Don d'un Thionvillois. Signature illisible.

1728. — **Livret militaire** de René-Eugène-Auguste Langlois, du 1er régiment de voltigeurs de la Garde. — Don de M. Langlois.

1729. — **Livret militaire** de Joseph Tonnelier, soldat au

67ᵉ de ligne, blessé le 16 août 1870 à la bataille de Gravelotte, par un coup de feu à la cuisse gauche, prisonnier de guerre du 19 avril 1870 au 5 juin 1871. — Don de M. Jean, demeurant à Nancy.

1730. — **Sabre-baïonnette** allemand du 16ᵉ régiment d'infanterie, trouvé au Fond-de-la-Cuve. — Don dé M. Viardot. de Mars-la-Tour.

1731. — Un **sabre allemand** du 16ᵉ uhlans, provenant de Jouy-aux-Arches. — Don de M. Jean, marchand d'armes pour panoplies, à Nancy.

1732. — **Casque de dragon** allemand, touvé en septembre 1871 dans le bois de Lorry-les-Metz. — Don du même.

1733. — **2 boucles** allemandes de ceinturon, provenant du champ de bataille du 16 août. — Don du même.

1734. — **5 cartouches** de revolver que le général Michel abandonna dans la maison du donateur, lors de la déroute de Sedan, 1ᵉʳ septembre 1870. — Don de M. Charles Emont, demeurant à Berlaimont.

1735. — Une **garniture de crosse** et une **gâchette** de fusil allemand trouvées en mai 1909 dans un four, à Mars-la-Tour.

1736. — Une paire **épaulettes** grenat (grande panoplie porte d'entrée).

1737. — **4 dragonnes** (même endroit).

1738. — **Sabretache** ayant appartenu à Jules Benay, maréchal des logis au régiment d'artillerie montée de la Garde, blessé grièvement à Gravelotte, 16 août 1870.

1739. — **Fusil chassepot** du 16 août 1870. — Don de M. le capitaine Choque, membre d'honneur de l'Association des Combattants de Gravelotte, à Paris.

1740. — **Condamnation à mort** de Dominique Vatier, de Tronville, arrêté par les allemands dans le clocher du village ou il était monté pour voir la bataille du 16 août. Il fut condamné à mort et fusillé le 5 octobre à Herny, près Metz, après avoir été contraint de creuser sa propre fosse. Texte français et allemand. — Don de M. Emile Glatigny, demeurant à Gorze.

1741. — Livre et souvenir de 1re Communion de Lucien Gérard de Gorze, soldat au 2e cuirassiers, tué à Reischoffen. — Don de Mme Baudoin, d'Hannonville-au-Passage, qui a servi 20 ans dans la famille.

1742. — Un tableau au petit point, représentant les armes de la ville de Metz, avec cette inscription : « *Tradita, non capta* », « livrée, mais pas prise ». Fait et offert par Mme Goussin, de Metz. Tableau artistement travaillé.

1743. — Epée, fourreau et dragonne de Michel Mathias, sous-lieutenant au 94e de ligne, tué devant Flavigny, le 16 août 1870. — Don de son père, Joseph Mathias, de Nancy.

1744. — Reproduction de l'étendard de Jeanne d'Arc d'après les documents historiques. Riche reproduction.

1745. — Un **fourreau de sabre** (à gauche du tableau représentant les généraux).

1746. — Croix artistement faite par un messin et offert par lui à l'abbé Faller curé de Mars-la-Tour.

Un **ratelier** comprenant :

1747. — Un fusil chassepot.

1748. — id.

1749. — id.

1750. — Un **sceau de campagne.**

1751. — Un débris de **cacolet.** — Don de M. Noirel de Sainte-Marie-aux-Chênes.

1752. — Une **schéchia.**

Un **ratelier** comprenant :

1753. — Un **fusil à aiguille** allemand ayant appartenu à un soldat allemand tué à Nancy. — Don de M. Gérard, président de la Société des Sauveteurs à Nancy.

1754. — Un **fusil à aiguille** allemand.

1755. — id.

1756. — Un **ceinturon de Lancier de la Garde** français 16 août 1870. — Don de M. Jacquin de Ville-sur-Yron.

1757. — Une **épée** d'un officier de la Garde. — Don de M. Vavasseur, ancien combattant de l'Armée du Rhin, membre d'honneur de l'Œuvre de Mars-la-Tour, à Paris.

1758. — Fragment et franges du **drapeau des chasseurs à pied** de la Garde découpé au blocus de Metz pour le soustraire aux allemands- — Don de M. Sajot, sous-lieutenant au bataillon des chasseurs à pied de la Garde.

1759. — Fragment du **drapeau du 6e de ligne.** — Don de M. le colonel Rousset, député de la Meuse.

1760. — Un **fusil bavarois** venant de Vaucouleurs. — Don du capitaine du Mesnil du 132e.

1761. — **Passeport** rédigé en allemand et en français. Il fut remis au général Couturier alors lieutenant pour revenir de captivité. — Don du général Couturier, commandant la 42e division d'infanterie à Verdun.

1762. — Un **plumet** rouge.

1763. — Un **plumet** rouge.

1764. — **Médaille d'or et diplôme** offert à l'abbé Faller par la Société d'Encouragement au bien.

1765. — **Diplôme** décerné par la commune de Mars-la-Tour, à M. l'abbé Faller pour lui conférer le titre de membre d'honneur du Comité d'organisation du monument national.

1766. — Une cuvette pleine **d'éclats d'obus** trouvés dans les champs de Mars-la-Tour.

1767. —   id.

1768. — Une cuvette remplie de **balles françaises,** trouvées sur le champ de bataille du 16 août.

1769. — Une cuvette renfermant des **balles allemandes.** Champ de bataille du 16 août.

1770. — Une boîte renfermant quelques **balles de mitrailleuses** françaises.

1771. — Quantité **d'éclats d'obus.**

1772. — Id.

1773. — **Sabre persan.** — Don de M. Niarquin, membre de l'Œuvre de Mars-la-Tour.

1774. — Deux **haches de combat égyptiennes.** — Don du même.

1775. — **Album** de M. Salle, vétérinaire aux dragons de l'Impératrice en 1870. Album très intéressant contenant

10 panoramas au crayon et 14 vues diverses de Metz et de ses environs, faits en captivité par M. Salle. — Don de sa veuve et de son fils.

1776. — Fragment d'un **chataignier** carbonisé découvert dans l'Ile Chambière en 1870 en creusant le charnier pour y enterrer les soldats morts aux ambulances de Metz. — Trouvé par le docteur Salle. — Don de sa veuve.

1777. — **Croix d'honneur** du lieutenant-colonel Dominique qui s'est distingué au siège de Longwy en 1870. — Don de sa belle-sœur Mlle Céline Martin de Ville-au-Montois (M.-et-M.).

1778. — **Etendard** chinois du Tonkin. — Don de Mme Villard de Pont-à-Mousson en mémoirs de son fils militaire.

1779. — Un grand **carton** donnant des renseignements sur les fusils, canons et obus français et allemands en usage pendant la ugerre de 1870.

1780. — **Fourreau d'un sabre** de pionnier allemand.

1781. — **Képi du colonel de Franchessin** tué le 6 août 1870 à Frœschviller. — Don de M. Dégoutin demeurant à Bayonville (M.-et-M.).

1782. — **Couvercle de gamelle** portant gravés le nom : Gallois et le n° 4914, trouvé le 28 avril 1909 sur le territoire de Puxieux par M. l'abbé Collin, vicaire de Mars-la-Tour qui en a fait don au Musée.

1783. — **Couvercle de gamelle** du 71°. Champ de bataille du 16 août.

1784. — Silex curieux provenant des ruines du temple de Salomon à Jérusalem. — Don de M. Victor Séris, ingénieur en chaussures. Voir sa lettre authentique.

1785. — Petite **cartouchière**, forme porte-monnaie.

1786. — Une description détaillée des 12 vitraux militaires de l'église commémorative de Mars-la-Tour.

1787. — **Médaille** allemande frappée en l'honneur de Guillaume 1ᵉʳ et de ses 2 fils.

1788. — Petite **brochure** remplie de poésies intitulée : Souvenirs du 35ᵉ territorial. — Don de l'auteur M. Ravot, capitaine au sus-dit régiment.

1789. — **Plumet rouge**.

1790. — Beau **dessin** d'encadrement fait par de Neuville pour servir au programme de la fanfare du 9⁰ bataillon de chasseurs à pied dont M. de Neuville faisait partie. — Don de M. Fernand Moniot chasseur de 1ʳᵉ classe, 3ᵉ compagnie, receveur de l'Enseignement à Chambley.

1791. — **Plaque de douanier**.

1792. — **Boucle de ceinturon allemand**.

1793. — **Agraffe de ceinturon**.

1794. — **Dragonne** en soie blanche et noire.

1795. — **Aigle** de casque allemand.

1796. — **Agraffe de ceinturon** d'artillerie française.

1797. — **Ornement** doré d'uniforme allemand en forme de banderolle avec l'inscription : *Mit Gott für Kœnig und Vaterland.*

1798. — **Fourreau** de sabre, en bois.

1799. — Idem en cuir.

1800. — Idem en cuir.

1801. — **Boucle** de ceinturon allemand.

1802. — **Boucle** de ceinturon.

1803. — **Débris** de sabre baïonnette.

1804. — **Aigle de casque** allemand.

1805. — **1 plaque** de ceinturon.

1806. — **Eperon français**, 16 août 1870. — Don de M. Jacquin de Ville-sur-Yron.

1807. — **Eperon**.

1808. — **4 fers** de mulet.

1809. — Paire **d'éperons** trouvés à Ville-sur-Yron. — Don de M. Nachbar.

1810. — **Eperon** trouvé en juillet 1906. — Don de M. Jacob, fils, de Mars-la-Tour.

1811. — **Eperon** trouvé au Fond-de-la-Cuve, par M. Bailly, 28 mai 1908.

1812. — **Fer à cheval**.

1813. — **Ceinturon** allemand. Champ de bataille du 16 août.

1814. — **2 mors** de cheval français. — Don de M. Villaume, de Longeville-les-Metz.

1815. — Une **dragonne** blanche et jaune d'infanterie prussienne, 16 août 1870.

1816. — Un **aigle de casque** allemand.

1817. — Un **fourreau** de sabre en cuir.

1818. — Idem.

1819. — **2 fourreaux** de baïonnettes allemandes. — Don de M. Charles Crosse, de Mars-la-Tour.

1820. — Une paire de **mors.**

1821. — Idem.

1822. — Un **mors.**

1823. — **Pipe** d'un officier allemand. — Don de Mlle Isabelle Galloy, demeurant à Memmie (Châlons-sur-Marne).

1824. — **Pipe** de Casimir de Raphaëlis-Soissan, sous-lieutenant au 99ᵉ de ligne, tué le 6 août à Frœschwiller.

1825. — **Moulin à café** allemand. — Don de M. Grosjean, demeurant à Billy-sous-les-Côtes.

1826. — **4 boutons** d'uniformes français. — Don de M. Lefaivre, sous-lieutenant au 161ᵉ.

1827. — Une **aigle** impériale française, provenant d'un uniforme.

1828. — **Flûte** en bois jaune ayant appartenu à un soldat qui l'avait emportée avec lui. — Don de Mᵐᵉ Villard de Pont-à-Mousson.

1829. — **Ornement de ceinturon** français.

1830. — Une vieille **médaille** fort curieuse trouvée par M. Amédée Muller dans son jardin à Mars-la-Tour.

1831. — **Médaille** ancienne trouvée par M. Constant Berton, brasseur à Jarny, sur le territoire de cette localité.

1832. — **Un paquet de cartouches** chassepot.

1833. — **Cartouches** allemandes de fusil Dreyse chargées et déchargées. — Don de M. Alexandre-Louis de Brainville.

1834. — **Boîte de mitrailleuse** encore chargée de ses 25

cartouches. — Don d'un annexé qui l'a trouvée au pied d'un arbre après le combat de Ladonchamps, 7 octobre 1870.

1835. — **Extrémité d'un fourreau** de sabre-baïonnette allemand.

1836. — Morceau de **lame de sabre**. — Don de M. Nicolas Gaudelet de Ville-sur-Yron.

1837. — Fragment d'un **obus** allemand provenant de l'explosion de la poudrière de Metz. Don d'un annexé.

1838. — Extrémité d'un **fer de lance**.

1839. — **Levier** de fusil allemand.

1840. — Etui d'**aiguilles** pour fusil.

1841. —   Idem

1842. — **Biscayens** à fragmentation systématique.

1843. — Quantité de **pièces de fusils et autres débris**.

1844. — **Hausse** de fusil allemand.

1845. — **15 fusées** d'obus français.

1846. — **Levier et percuteur** d'un fusil chassepot.

1847. — **Canon de fusil** allemand. — Don de M. Eugène Hardy de Mars-la-Tour.

1848. — **Extrémité en fer** d'un piquet d'attache pour les chevaux.

1849. — **Fragment de ceinturon** en cuir.

1850. — **Canon d'un fusil chassepot** muni de sa hausse.

1851. — **Fourreau d'épée**.

1852. — **Cartouchière** d'un soldat français du 23e de ligne tué Vionville, 16 août 1870.

1853. — **2 supports de baïonnettes** en cuir.

1854. — 1 gros **éclat d'obus de siège** allemand.

1855. — **1 tabis arabe** donné au musée de Mars-la-Tour par Mme veuve Tropel en souvenir de son fils Léon qui a fait la campagne de 1870.

1856. — Un deuxième **tapis arabe**. — Don de la même.

1857. — Un **boulet** pesant une vingtaine de kilos.

1858. — Un **obus allemand** de 6.

1859. — Un **gros éclat d'obus français** trouvé en mai 1909 sur le champ de bataille de Mars-la-Tour.

1860. — **1 plaque de ceinturon** avec aigle impérial. — Don de Mme Bellée demeurant à Chambley.

1861. — **Sabre** d'officier de la garde nationale. Blocus de Metz.

1862. — Un **paquet vide de cartouches** chassepot, coupé en deux par le milieu.

1863. — Souvenir d'un **soldat de la légion étrangère**, natif de Mars-la-Tour.

SEPTIÈME SECTION

Objets ajoutés à la précédente Nomenclature

1864. — **Portrait de L. Roy** ancien caporal du 3e génie, 6e corps, Armée du Rhin. Fait par lui-même pendant sa captivité à Coblentz et donné par lui au musée.

1865. — Photographie du **colonel Billet** sur son lit de mort, tué le 4 août 1871 à Limoges. — Don de Mme Savalle de Mars-la-Tour.

1866. — Portrait ovale de **Lucien Gérard** soldat au 2e cuirassiers tué à la charge de Reischoffen. Il est représenté à l'âge de 15 ans. — Don de sa mère.

1867. — Portrait moyen du **général Decæn**, commandant le 3e corps d'armée, blessé mortellement le 14 août à la bataille de Borny. — Don de sa veuve.

1868. — Photographie d'un **monument de la guerre** 1870-71 à Marseille.

1869. — **L'Eglise de Bazeilles** après la bataille. — Don de l'abbé Pierrard, curé de Bazeilles.

1870. — Photographie d'Yves Charles Edgard de **Jullienne d'Arc**, sous-lieutenant au 9e de ligne, tué le 16 août 1870 à Vionville. — Don de M. le colonel Kolle du 26e de ligne son ancien camarade.

1871. — Portrait et décorations sous verre de **J.-B. Boulanger** sous-lieutenant au 71e de ligne, nommé capitaine pendant le blocus de Metz. Il est mort de ses blessures le 9 octobre 1870 chez son frère. — Don de son frère M. Boulanger de Conflans-Jarny.

1872. — Cinq **photographies** : cathédrale de Strasbourg, porte principale du portail, porte Saint-Laurent. Tombeau du maréchal de Saxe au temple protestant, porte de la cathédrale côte de l'horloge. — Don du général Lelorrain.

1873. — Six **petites photographies** prises lors de son passage à Mars-la-Tour pendant les manœuvres par Pierre Baudin qui en a fait don à M. l'abbé Faller.

1874. — **Horloge de Strasbourg**. Photographie.

1875. — Photographie de **l'église de Mars-la-Tour** avant sa transformation actuelle.

1876. — Photographie du **sanctuaire de l'église** de Mars-la-Tour avant sa transformation actuelle.

1877. — La **défense de Saint-Quentin**.

1878. — Photographie d'un **buste allégorique** représentant la ville de Metz.

1879. — Photographie du **bas-relief** du maître-autel de l'église de Mars-la-Tour.

1880. — Photographie de **l'intérieur de l'église de Mars-la-Tour** 16 août 1903. Fait et offert à M. le curé par Louis Roscop de Mars-la-Tour.

1881. — Photographie de la statue du **général Margueritte** à Fresnes. — Don de M. Bord lieutenant au 51e de ligne.

1882. — Photographie d'une **jeune Lorraine** dans son costume national. — Don de Mme Vuillaume, de Mars-la-Tour.

1883. — Photographie d'une **Alsacienne**. — Don de la même.

1884. — Grand portrait de **Félix Maréchal**, maire de Metz en 1870.

1885. — Grand portrait de **Paul Bezanson**, maire de Metz en 1871.

1886. — Photographie de **Mgr Dupont des Loges**, de ses vicaires généraux et autres membres de son clergé. On y voit également ses obsèques et la Cathédrale de Metz.

1887. — Portrait de **Monas**, sergent au 69ᵉ de ligne, tué à Borny le 14 août. — Don de M. Viseux, ancien capitaine, combattant de 1870.

1888. — Photographie du général **Raoult**, mort à Frœschviller de ses blessures. — Don de sa nièce Mme Barigny, demeurant à Metz.

1889. — Une carte illustrée, représentant le **Champ de bataille du 16 août 1870.**

1890. — Souvenir mortuaire du vicomte **Georges Donglas**, lieutenant au 2ᵉ chasseurs à pied, blessé à Saint-Privat et mort à la suite de ses blessures. — Don de la famille.

1891. — Photographie représentant **M. Mézières**, sénateur, haranguant la foule au pied du monument national de Mars-la-Tour, 16 août 1905. — Don de M. le curé de Friauville.

1892. — Cinq cartes postales illustrées des **Champs de bataille** : Rezonville, Gravelotte, Chantrenne, deux de Saint-Privat.

1893. — Une collection de **Cartes postales** illustrées :
Monument des mobiles Villefranche-sur-Saône, 16 août 1905, cortège. — Cannes, prison de Bazaines. — Metz, l'Esplanade pendant le blocus. — Les monuments militaires du Champ de bataille de Wœrth. — L'attaque des zouaves à Wœrth. — Bataille de Sedan. — Monument de Bazeille. — Château de Bellevue à Sedan où fut signée la capitulation. — Statue de Turenne à Sedan. — Messe solennelle au Camp de Châlons avant 1870. — Camp de Châlons, ancien pavillon impérial. — Monument de Rambervillers en mémoire des morts de 1870. — Statue de général Ney à Metz. — Don de M. Astouin, de Marseille.

1894. — Grande photographie représentant la **Délégation de l'Œuvre de Mars-la-Tour** en 1906.

1895. — Un beau cadre, contenant la photograpie du **chanoine Fortier**, né à Bébing (Lorraine allemande), le 28 mars 1825, mort à Paris le 31 août 1908, officier de la Légion d'honneur et du Saint-Sépulcre. Il était en 1870 aumônier de l'Armée du Rhin. Il s'est signalé surtout à Rezonville par un acte de courage admirable. Pendant la bataille du 16 août, l'église du village, transformée en ambulance, avait été choisie comme point de mire par les batteries allemandes. Du haut du clocher, battu en brèche, d'énormes pierres tombaient sur nos blessés et les tuaient. Arborer le drapeau de la Croix rouge au sommet de l'édifice était le seul moyen de détourner les projectiles ennemis ; mais personne n'osait tenter une entreprise aussi périlleuse. Sans hésiter le brave aumônier escalade le clocher au moyen d'échelles ; arrivé au sommet et sur le point d'y plater le drapeau d'ambulance, un obus vient le lui arracher des mains. Il en demande un second qu'il parvient à planter à la pointe de l'édifice. Aussitôt les Allemands dirigèrent leur feu dans une autre direction et l'on ne saura jamais le nombre de blessés et autres qui doivent la vie à cet acte d'héroïsme demeuré inconnu de la plupart. — Don de la famille Picard en mémoire de son oncle le chanoine Fortier.

1896. — La statue « **Quand même !** » de Mercier à Belfort.

1897. — Photographie du mausolée d'**Henri de Vauxonne** ex-zouave pontifical tué le 16 août à Vionville. — Don de M. Albert Massot.

1898. — Photographie du monument élevé à Vionville en mémoire d'**Antoine de Levezou de Vezins**, lieutenant au 93ᵉ de ligne tué à Vionville le 16 août 1870. — Don de M. l'abbé Gigleux, curé de Tronville.

1899. — **Laissez-passer** de la Commune de Paris.

1900. — **Lettre** de Mme veuve Roger, avec une lettre écrite par son mari à sa sœur pendant la guerre.

1901. — **Papiers militaires** de J.-B. Pierlot né à Mars-la-Tour, a servi sous Napoléon Iᵉʳ.

1902. — Ancienne **Hymme à Jeanne d'Arc** copiée par M. Léon Hennequin.

1903. — **Lettre de M. Emile Glatigny** demeurant à Gorze, sur Dominique Vatier de Tronville fusillé par les Allemands.

1904. — **Lettre de renseignements** sur le général Crémer. Don de M. Speckt de Paris.

1905. — **5 lettres** du maréchal des logis Forrest à Mlle Maria Battancourt, jeune fille de Mars-la-Tour qui l'a soigné de ses blessures reçues à la charge de cavalerie du plateau d'Yron. — Don de Mlle Maria Battancourt.

1906. — Lettre en langue allemande de **M. Hersel** donateur de la statue du Christ placée au Musée.

1907. — **Testament** de Mme veuve Tropel donatrice des 2 tapis arabes placés au Musée.

1908. — **Listes du cortége** du 16 août au service anniversaire.

1909. — **Réponses** des commandants de corps d'armée (6ᵉ et 20ᵉ) à l'appel d'invitation de M. le curé de Mars-la-Tour, pour le service anniversaire du 16 août.

1910. — **Laissez-passer** allemand délivré à M. Remy, le 11 février 1871 à Nancy.

1911. — Un autre **laissez-passer** allemand délivré le 3 juillet 1871 à Nancy.

1912. — **Lettre** de M. Viteau d'Avocourt (Meuse), cavalier aux Lanciers de la Garde, combattant du 16 août sur le plateau d'Yron.

1913. — Une poésie patriotique intitulée « **A la France** » composée le 5 octobre 1870 à Metz par Antonin Martin.

1914. — **Lettre d'un officier** allemand de Metz dans laquelle il donne des renseignements sur certaines pièces du Musée.

1915. — **Lettre de M. Lucas** de Paris dans laquelle il donne des renseignements sur la dépêche de ballon dont il a fait don au Musée.

1916. — **Vieux billets de logement** militaires allemands de Juterbog. — Don de M. Lehmann, de Juterbog.

1917. — Programme de l'**inauguration du monument** de Noisseville.

1918. — **Une lettre** de M. Gény peintre à Homécourt, renfermant une **photographie de Bazaine** que M. l'abbé Faller n'a pas jugé à propos d'exposer dans le Musée.

1919. — **Lettre adressée** à M. l'abbé Faller par M. le baron de Mueller, officier allemand de Dresde, lui annonçant l'envoi d'un souvenir pour son musée.

1920. — **Etats de service** d'Emmanuel de Vassoigne, lieutenant au 19ᵉ dragons évadé de Metz. — Don de M. Henry percepteur à Conflans-Jarny.

1921. — **Pièce de vers patriotiques** composée par Henri Ravot capitaine au 33ᵉ régiment territorial d'infanterie, demeurant au château de Coulon par Tigy (Loiret).

1922. — **Almanach du Drapeau** 1908. — Don de M. l'abbé Faller.

1923. — **Salut à l'Alsace-Lorraine !** Allocution adressée au 29ᵉ bataillon de chasseurs à pied le 7 septembre 1906 à Tronville par le général Couturier, lors des manœuvres.

1924. — **Mars-la-Tour, Gravelotte et Saint-Privat** par Emile Badel professeur d'histoire à l'école professionnelle de l'Est à Nancy.

1925. — **6 Comptes rendus** du Souvenir Français. Comité de Pont-à-Mousson.

1926. — **3 Comptes rendus du Souvenir français.** Année 1900.

1927. — **2 Comptes rendus** de l'Assemblée générale du Souvenir français années 1903 et 1907.

1928. — **Discours de Mgr Turinaz** sur Jeanne d'Arc, 1890.

1929. — **Conférence de M. Chesnelong** sénateur, sur Jeanne d'Arc 1894.

1930. — **Notice biographique** sur le comte de Larocque, Latour, par l'abbé Staub.

1931. — **Discours de M. Branchard** 6 novembre 1898 au Souvenir français comité de Pont-à-Mousson.

1932. — **Gloires militaires de la Lorraine** par Emile Badel.

1933. — Allocution de l'abbé Faivre, curé de Franconville, sur l'honneur national.

1934. — Le général de division Thoumas.

1935. — Notice historique sur l'Œuvre de Mars-la-Tour.

1936. — Compte rendu de la distribution solennelle des récompenses, par la Société d'Encouragement au bien. Une médaille d'or à M. l'abbé Faller.

1937. — Le petit vitrier. Rapport sur le service anniver-versaire du 16 août 1907.

1938. — Un numéro du **Lorrain** : 7 août 1906. Article sur Bazaine.

1939. — Un numéro du **Courrier agricole** de la Vienne et des Deux-Sèvres, 6 février 1898. Article sur le général de Ladmirault.

1940. — Association des Dames françaises. Divers comptes rendus.

1941. — Théâtre de la guerre. Reproduction d'une vieille carte.

1942. — Un article de l' « Est Républicain » intitulé **« Le sort du Musée de Mars-la-Tour »**.

1943. — Discours de Mgr Turinaz à Mars-la-Tour, le 16 août 1895.

1944. — De l'**Œuvre de la famille** dans l'éducation de la caserne, par le capitaine Tallon, du 26e d'infanterie.

1945. — Compte rendu de deux cérémonies patriotiques à Mars-la-Tour : Inauguration de la statue de Jeanne d'Arc, 16 avril 1906, 16 août 1906.

1946. — Inauguration du **monument national** de Mars-la-Tour, le 2 novembre 1875. Compte rendu.

1947. — Extrait du procès-verbal de **l'exhumation du corps** d'Antoine de Levezou de Vesins, lieutenant au 93e de ligne, tué le 16 août 1870 à Vionville. — Don de M. l'abbé Sabouret, curé de Vionville.

1948. — Un ouvrage intitulé : **« Les Romains en Pro-**

vence et en Lorraine », par le chanoine Cherrier, président de l'Académie d'Aix. — Don de l'auteur à l'abbé Faller.

1949. — **La guerre de 1870**, par de Moltke. Un gros volume broché. — Don de l'abbé Thiel, professeur au Grand-Séminaire de Metz.

1950. — **Le Canton de Conflans**, ses villages et ses anciens seigneurs, par M. Clesse, officier d'Académie. — Don des fils de l'auteur à l'abbé Faller pour son musée. 2 volumes brochés.

1951. — **Le siège de Sébastopol**, par J. Roy, 1 volume.

1952. — Un numéro des « **Contemporains** » renfermant une biographie du général Margueritte (27 mars 1896).

1953. — **Recherches historiques sur le général Belliard**, par l'abbé Staub, aumônier militaire. — Don de l'auteur à M. l'abbé Faller.

1954. — **Notes pour servir à la statistique monumentale du département de la Moselle**, par Georges Boulangé, membre de l'Institut des Provinces.

1955. — **La guerre d'Orient**, par le colonel Thomas.

1956. — **Jeanne d'Arc**, par Thalamas, corrigé et critiqué en marge, par un prêtre voisin de Mars-la-Tour. Brochure.

1957. — **Léopold de Mondion**, sous-lieutenant au 23e de de ligne, blessé mortellement à Vionville, 16 août 1870, par J. de la Marsonnière. Brochure.

1958. — **Campagne d'Egypte** avec réflexion manuscrites d'Alfred de Vigny, sur la guerre à la première page, par le général de division Berthier, chef de l'état-major général de l'armée d'Orient.

1959. — **Le Roi René en Lorraine** par le chanoine Cherrier, président de l'Académie d'Aix. — Don de l'auteur à monsieur l'abbé Faller. Brochure.

1960. — **Mars-la-Tour** par Osvald Leroy. Nouvelle édition refondue et corrigée. Grande brochure.

1961. — **L'Histoire admirable de Jeanne d'Arc** par M. le chanoine Debout missionnaire apostolique en collaboration avec M. Emile Eude, ingénieur des Arts et manufactures. Ouvrage relié.

1962. — **Petite brochure : Ecoles au peloton à pied et à cheval**.

1963. — **Vieux calendrier fort curieux**.

1964. — **Ordonnance sur les exercices** et les manœuvres de l'infanterie. Ecole du soldat et école du peloton. Petit ouvrage relié.

1965. — **Aide-mémoire portatif à l'usage des officiers d'artillerie**.

1966. — **Almanach** annuaire de la gendarmerie pour 1893.

1967. —   Idem   pour 1891.

1968. — **Mémoires de Caussidière** ex-préfet de police. Brochure.

1969. — **Traité d'équitation** par M. de la Guérinière. Volume broché garni de gravures curieuses.

1970. — **La bataille de Friedland**.

1971. — **Les derniers jours de l'armée du Rhin** par Alfred Duquet. — Don de M. Durand, professeur au Cateau (Nord).

1972. — Une brochure sur **Metz** et ses origines.

1973. — **Les députés de la Meurthe** de 1789 à 1898 par Emile Badel. Brochures.

1974. — Notices historiques sur **l'horloge astronomique de la cathédrale de Strasbourg**. Brochure par Schweighæuser, typographe.

1975. — **L'héroïsme en soutane**. Volume broché, par le général Ambert. Souvenir des petits enfants du général Ambert : Joachim, Madeleine et Pierre Demange, à Monsieur l'abbé Faller.

1976. — Notions générales sur **l'histoire des anciens duchés** de Lorraine et de Bar par M. Clesse, membre des sociétés d'archéologie et d'histoire. Livre broché.

1977. — **La bataille de Nuits** 18 décembre 1870 par M. Gigout docteur en droit, directeur de conférences à la Faculté de droit de Dijon. — Don de l'auteur. Livre broché.

1978. — **Histoire de notre petite sœur Jeanne d'Arc**.

par Marie-Edmée. Volume relié et doré sur tranche. — Don de M. le chanoine Faller.

1979. — **Les frères des écoles chrétiennes pendant la guerre de 1870-71**. Volume relié, par J. d'Arsac.

1980. – **Le journal de Marie-Edmée**. Volume broché. — Don de M. le chanoine Faller.

1981. — **Photographie de Garibaldi** placée sous enveloppe.

1982. — Un numéro de la **Dépêche algérienne** 11 mars 1905, relatant les obsèques de Mme la générale Legrand, veuve du général Legrand tué le 16 août dans le combat de cavalerie du plateau d'Yron.

1983. — Un numéro de la **Dépêche de l'Est** 15 février 1898, relatant l'anniversaire de l'abbé Miroy, curé de Cuchery (Marne), fusillé par les Allemands le 13 février 1871.

1984. — Un numéro du **Figaro** 9 novembre 1879 avec article sur le sergent Hoff. — Don de M. Henri Vuillaume de Mars-la-Tour.

1985. — Un numéro du **Figaro** 20 octobre 1883. Article sur l'incendie du palais de Saint-Cloud le 13 octobre 1870. — Don de Mme veuve Vuillaume de Mars-la-Tour.

1986. — La **Savoie libérale**, 19 août 1908. Article sur un pèlerinage patriotique de jeunes Savoyards en Lorraine.

1987. — L'**Indépendant de l'arrondissement de Briey**, 25 septembre 1094. Article curieux. Un Anglais à Mars-la-Tour en 1810.

1988. — Un numéro du **Vogesen-Blatt**, 13 juillet 1900, avec article allemand sur le Musée militaire de Mars-la-Tour.

1989. — Feuille l'**Illustration militaire**, renfermant beaucoup d'appréciations politiques qui présageaient la guerre de 1870.

1990. — La **Démocratie de Seine-et-Oise**, 22 août 1908. Article sur la prise du drapeau allemand à Mars-la-Tour.

1991. — La **Réplique**, 3 mai 1908. Article sur le siège de Toul en 1870.

1992. — Le **Serre-File**, 27 novembre 1904. Article : Inauguration du monument du sergent Hoff.

1993. — Document sur la **Garde impériale**, 1re division militaire, place de Paris.

1994. — L'**Echo de Paris**, 18 août 1908. Article sur la prise du drapeau allemand à Mars-la-Tour.

1995. — Le **Serre-File,** 27 décembre 1903. Article : sergent Hoff, enfant de la vieille et loyale Alsace. Gravure représentant le brave sergent en embuscade, d'après une photographie prise aux avants-poste le 24 novembre 1870.

1996. — Le **Courrier de Metz,** 6 mai 1898. Renseignements sur la famille Hennocque.

1997. — Le **Courrier libéral,** 26 juillet 1908. Article : le patriotisme et l'école par le commandant Driant.

1998. — L'**Avant-Garde**, 7 décembre 1902. Article sur le musée et les soldats tués le 12 août 1870 à Pont-à-Mousson.

1999. — **Journal de Paris**, 10 septembre 1870.

2000. — Le **Lorrain,** 25 mai 1894. Article sur la famille de Jeanne en Lorraine.

2001. — Le **Gaulois,** numéro du 14 août 1870 sur la bataille de Reichshoffen.

2002. — Commune de Paris. **Manifeste** de la population de Paris à la province.

2003. — Idem du travailleur des campagnes.

2004. — Coupure d'un journal sur la **tentative** de suicide du général Bourbaki.

2005. — Lot de **journaux** traitant de choses intéressantes.

2006. — **Acte de la donation** du Musée militaire, faite à la commune de Mars-la-Tour, le 7 mai 1907, par le fondateur du Musée : le chanoine Faller, curé de Mars-la-Tour.

2007. — Grand cadre colorié, représentant le **combat de Villepion-Faverolles,** 1er décembre 1870.

2008. — Le **cimetière et l'église de Saint-Privat** après **la bataille.**

2009. — Un tableau représentant le colonel **Denfert-Rochereau,** sortant de Belfort avec sa garnison.

2010. — Une photographie représentant le général **Couturier**, alors commandant le 29ᵉ chasseurs à pied, adressant une allocution à son bataillon au poteau frontière de Tronville-Vionville.

2011. — Photographie d'un **soldat allemand**, photographié pendant l'occupation à Lunéville. — Don de M. Jean, de Nancy.

2012. — Photographie d'un **soldat français**, portant la médaille de Mentana et ayant fait la campagne de 1870. — Don du même.

2013. — Photographie d'une **bataille**. — Don du même.

2014. — Croquis au crayon représentant le **cimetière de Saint-Privat**, pris quelques jours après la bataille par M. Engels professeur de dessin du donateur : M. Schaack, juge d'instruction au tribunal de 1ʳᵉ instance à Diékirch (Grand Duché de Luxembourg).

2015. — Photographie d'un fragment du **drapeau du 20ᵉ Régiment** d'infanterie découpé le soir de la bataille de Sedan. — Don de MM. Marcel et Gaston Réquin demeurant à Nîmes, fils de Léon Réquin à qui échut le précieux fragment le soir de Sedan.

2016. — **Histoire de la seconde République** par Pierre de la Gorze. 2 volumes grand in-8°. — Don de l'auteur.

2017. — **Instructions tactiques** distribuées à l'Armée de Metz au début de la campagne de 1870-71. — Don de M. Maistre, lieutenant-colonel au 79ᵉ de ligne.

2018. — Sur l'autel de la Patrie **Nos drapeaux pendant l'année terrible** 1870-71 par le commandant A. Richard du 161ᵉ Régiment d'Infanterie. On voit à la page 28 une gravure représentant le drapeau allemand du 16ᵉ Westphalien pris à Mars-la-Tour au Fond-de-la-Cuve par le sous lieutenant Chabal du 57ᵉ de ligne. Don de l'auteur avec dédicace à l'abbé Faller.

2019. — **La Collégiale de Mars-la-Tour** par Mardigny. — Offert à M. le Curé le 9 février 1909 par le commandant Thouvenin.

2020. — **Album annuaire** de l'Armée française, année 1908-1909. — Don de l'auteur M. Roger de Beauvoir, avec une dédicace autographe.

2021. — Copie de la **circulaire de Bismarck** du 14 décembre 1870 au sujet des officiers français qui ont manqué à leur parole. Liste de 52 noms. — Don de M. Gustave Noël demeurant à Anicet-sur-Marne. Ci-incluse sa lettre à ce sujet.

Un lot de **journaux** donnés par M. Villaume de Mars-la-Tour.

2022. — 1° **Le Gaulois**, 31 août 1870.

2023. — 2° **Le Journal** des Débats, 9 octobre 1872.

2024. — 3° **Le Paris-Libre**. Samedi 13 mai 1871, 22 floréal an 79.

2025. — 4° **Le Progrès**, de Lyon, 5 mars 1871.

2026. — 5° **Le Rappel**. Mercredi 3 août 1870, 15 thermidor an 78.

2027. — 6° **Le Rappel**. Vendredi 5 août 1870, 17 thermidor an 78.

2028. — 7° **Le Figaro**, 26 août 1870.

2029. — 8° **L'Opinion nationale**, mardi 23 août 1870.

2030. — 9° **La Cloche**, 11 avril 1871.

2031. — 10° **Le National**, 14 mai 1871.

2032. — L'**Univers Israélite** du 9 octobre 1890 avec un article sur l'abbé Faller intitulé : Patriotisme et tolérance.

2033. — La **France militaire et religieuse**, 30ᵉ année. Compte rendu 16 août 1904.

2034. — Id. 23ᵉ année. Compte rendu 16 août 1897.

2035. — Id. 22ᵉ année. Compte rendu 16 août 1896.

2036. — Id. 27ᵉ année. Compte rendu 16 août 1901.

2037. — Id. 27ᵉ année   id.

2038. — Le **Réveil de la France**, 11 juillet 1897. Article sur le projet du Musée.

2039. — **Description du tombeau de l'empereur aux Invalides**. Brochure.

2040. — La **France militaire** année 1898 n° 10.

2041. — Carte postale illustrée : **Départ de Mac-Mahon** avec son état-major de Reischoffen.

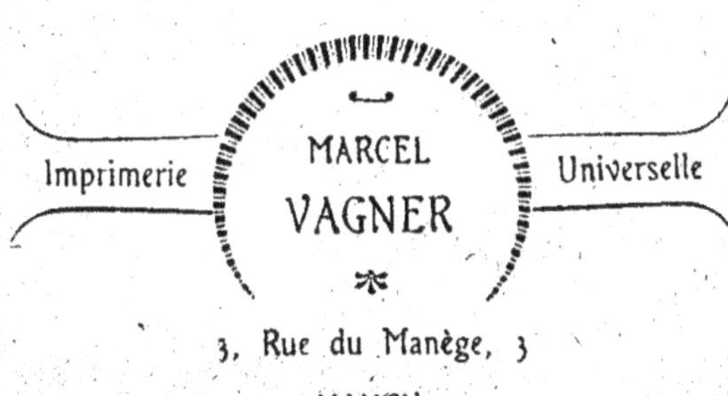
Imprimerie
MARCEL
VAGNER
Universelle
3, Rue du Manège, 3
NANCY